世耕弘一 ―人と時代

荒木康彦

東信堂

はしがき

本書で取り上げる世耕弘一（一八九三～一九六五）は、戦前から戦後にかけての衆議院議員であり、戦前期には統制経済批判、戦中期には翼賛政治に抗した「同交会」の結成などの活動、戦後期には摘発・没収した隠退蔵物資で悪性のインフレーションを克服しようとしたことで知られており、第二次岸内閣の国務大臣・経済企画庁長官を務めている。他方、世耕弘一は中学校進学できなかったことから、当時難関であった「専門学校入学者検定試験」合格後、日本大学に進学し、ドイツ留学を経て、同大学で教授などを務め、苦学した経験から、学びたい人は誰でも学ぶことができる大学を目指して、昭和二十四年には近畿大学を創設したのである。このように世耕弘一は、政治家と大学人の両面を持ち、その生涯はこの両面で糾《あざな》えられた縄のような形で展開されている。ドイツに傾斜しながら国家体制を確立した明治時代に生を授かり、教育を受けた日本人にとって、ドイツ留学が格別の重要性を持っていることは周知の通りである。世耕弘一の場合も然りであり、政治家としての、大学人としての世耕弘一に決定的な影響を与えたのは、ドイツ留学（一九二三～一九二七）だったことは看過できない点である。このような視点から、本書は、日本や世界の近現代史の流れの中で、個性溢れる世耕弘一の生涯を、すなわち世耕弘一の「人と時代」を、可能な限り一次史料に依拠して描くものである。

本書は、近畿大学附属高等学校(七校)及び近畿大学工業高等専門学校の自校教育の副読本として、二〇一五年四月二七日に印刷・発行された市販されていない『世耕弘一とその時代』(近畿大学附属高等学校特別推薦入学試験の受験選考方法検討委員会刊行・近畿大学管理部用度課出版印刷)を基本にして、それに最新の研究成果を加筆した上で、改題して、刊行したものである。そして、その本はそれまでに『A Way of Life—Seko Koichi—世耕弘一先生建学史料室広報』(近畿大学)に掲載した多数の論文と新たに書き下ろした部分とに立脚している。その両者のいずれもが、近年著者が発見した、きわめて多数の一次史料に厳密な批判的検討を加えて得られた成果を踏まえて、客観的な歴史として叙述されたものである。六万五千文字ほどの本書に三百六十余の注が付けられて、典拠である一次史料・文献が挙げられていることから、実証主義に徹したことが、理解していただけると思われる。

本書は三部構成をとり、第Ⅰ部では「おおいなる旅路」として世耕弘一の出生から留学のためにベルリンに至る時期、すなわち一九二三年までが、第Ⅱ部では「ドイツ留学時代」として一九二三年から一九二七年までが、第Ⅲ部では「大学人として、政治家として」として一九二七年から一九六五年までが叙述されている。しかも、一次史料によって世耕弘一の各時代における活動を描いただけではなくて、タイトルからも分るように各時代の一般的情勢も必要な限り述べている。理解し易いように、各時代の一般的情勢は、あえて一般書なども踏まえたものとし、それによって世耕弘一の各時代における活動の歴史的意義がより明瞭になったと思われる。
　本書の表表紙は、世耕弘一がドイツ留学の際に神戸からマルセイユまで搭乗した、日本郵船の驀《ばく》進《しん》する「伏見丸」（著者所蔵の絵葉書より）の姿で飾り、それは世耕弘一の限りなきチャレンジ精神を象徴している。「ミネルヴァの梟《ふくろう》は夕闇迫りて初めて飛翔を開始する。」は、ドイツの哲学者ヘーゲル（Georg Wilhelm Friedlich Hegel 1770-1831）の著書『法哲学綱要』序言にある非常に有名な言葉である。裏表紙は、著者がベルリンで入手した「梟」の置物の写真で飾られているが、第二次世界大戦直後に「日本国内で物資不足のためにさまざまな問題が生じて、国民がそれによって苦しむ中で、その解決のために弘一は隠退蔵物資を摘発する行動を開始した。」という世耕弘一の政治家としての活躍が、「他の鳥が闇の深まる中に見通しを欠いて巣篭りする時に、森の賢者の梟のみはランランと瞳を輝かして飛び発つ」（本書一〇三～一〇四頁参照）姿を彷彿《ほうふつ》させるからである。

二〇一九年五月孫の誕生した佳き日に寓居《ぐうきょ》内の書屋にて著者記す

凡例

本書に出てくる、一般的な人物・出来事などは次の辞典その他に依拠している。

『岩波西洋人名辞典』(岩波書店　一九八四年)

『国史大辞典』全一四巻(吉川弘文館　一九七九〜一九八三年)

『日本史広辞典』(山川出版社　一九九七年)

『日本史年表　増補版』(岩波書店一九九四年)

人名の表記は、基本的にはこれらに従っているが、人名の旧漢字は、これを尊重した場合がある。

引用した史料の表現等は原典尊重の観点からそのままにしているが、読み易くするために旧漢字は現用漢字に改め、読み仮名を付けた。

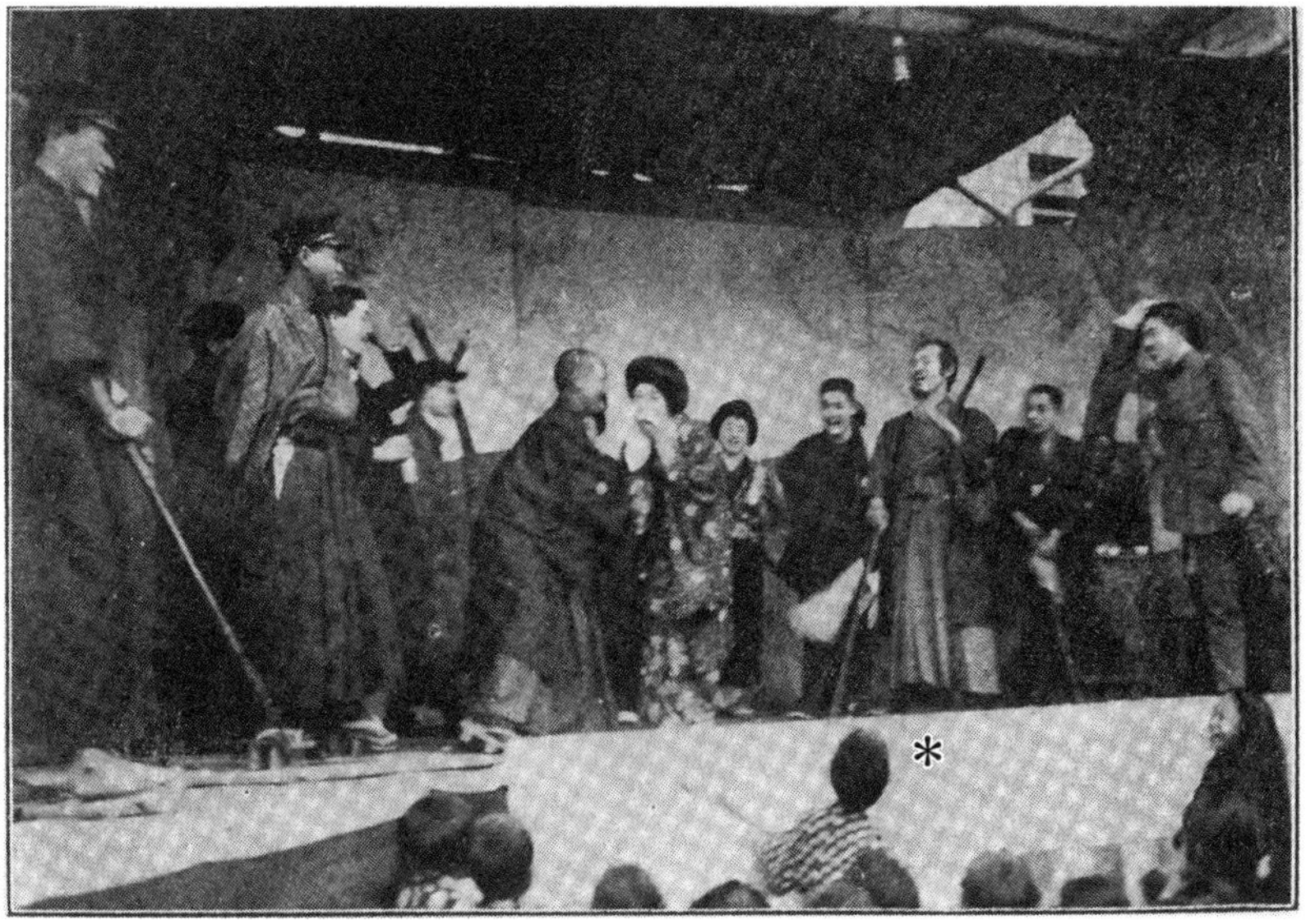

写真１：「花子の父親」を演ずる世耕弘一（『日本法政新誌《にほんほうせいしんし》　日本大學祝賀記念号』第 17 巻第 6 号　法政學會《ほうせいがっかい》発行　1920 年 6 月〕冒頭収録写真より）（近畿大学中央図書館所蔵）。（14 ページ）
＊印の上の人物が世耕弘一

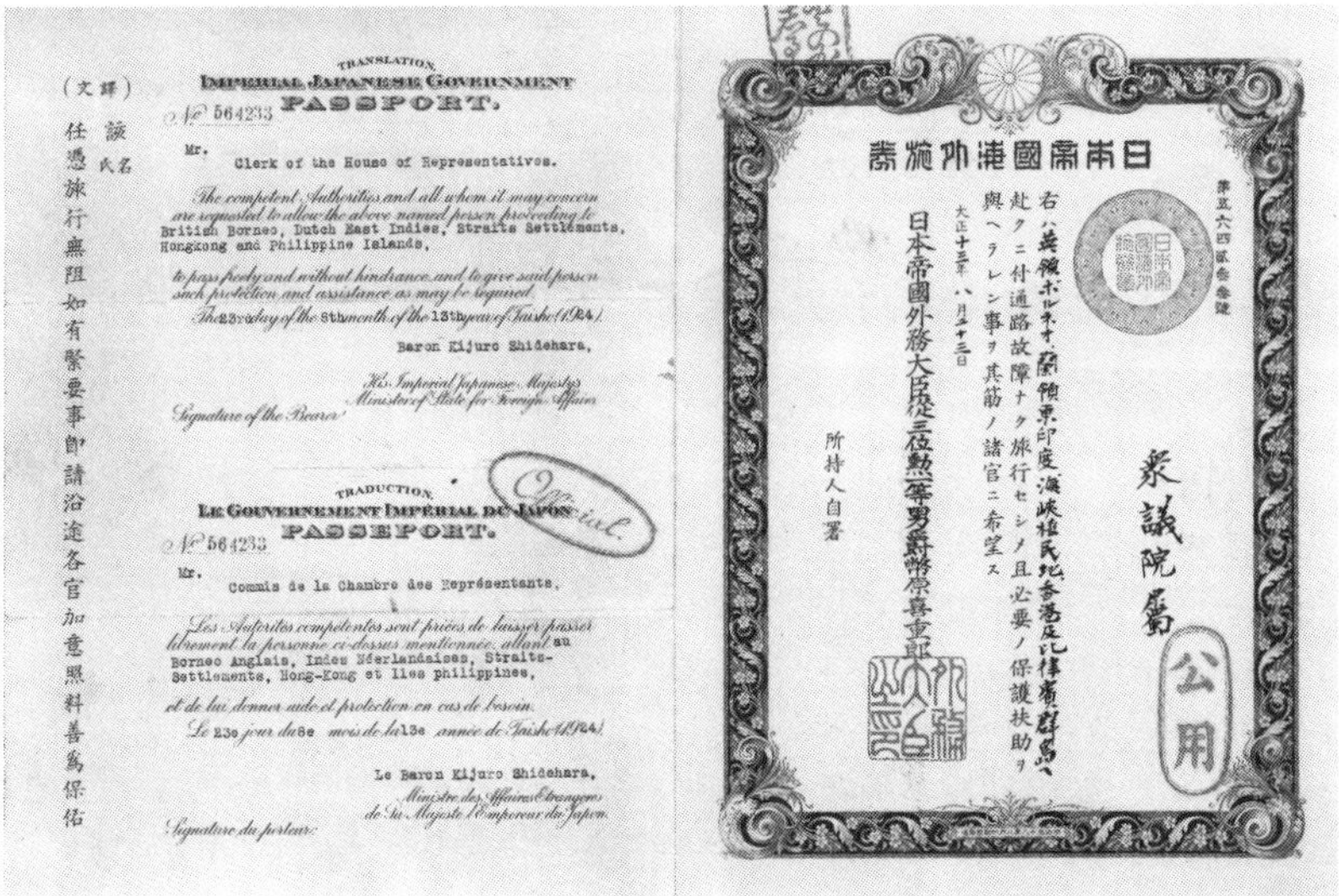

（文譯）
該
氏名
任憑旅行無阻如有緊要事即請沿途各官加意照料善為保佑

TRANSLATION
IMPERIAL JAPANESE GOVERNMENT
PASSPORT.
№ 564233
Mr.
Clerk of the House of Representatives.
The competent Authorities and all whom it may concern are requested to allow the above named person proceeding to British Borneo, Dutch East Indies, Straits Settlements, Hongkong and Philippine Islands,
to pass freely and without hindrance and to give said person such protection and assistance as may be required.
The 23rd day of the 8th month of the 13th year of Taisho (1924).
Baron Kijuro Shidehara,
His Imperial Japanese Majesty's Minister of State for Foreign Affairs
Signature of the Bearer

TRADUCTION
LE GOUVERNEMENT IMPÉRIAL DU JAPON
PASSEPORT.
№ 564233
Mr.
Commis de la Chambre des Représentants,
Les Autorités compétentes sont priées de laisser passer librement la personne ci-dessus mentionnée, allant au Borneo Anglais, Indes Néerlandaises, Straits-Settlements, Hong-Kong et Iles philippines,
et de lui donner aide et protection en cas de besoin.
Le 23e jour du 8e mois de la 13e année de Taisho (1924).
Le Baron Kijuro Shidehara,
Ministre des Affaires Étrangères de Sa Majesté l'Empereur du Japon.
Signature du porteur.
Official

日本帝國海外旅券
第五六四貳叄叄號
衆議院屬
公用
右ハ英領ボルネオ、蘭領東印度、海峡植民地、香港及比律賓群島ヘ赴クニ付通路故障ナク旅行セシメ且必要ノ保護扶助ヲ與ヘラレン事ヲ其筋ノ諸官ニ希望ス
大正十三年八月二十三日
日本帝國外務大臣従三位勲一等男爵幣原喜重郎
所持人自署

写真２：1924 年に交付された「日本帝國海外旅券」（近畿大学建学史料室所蔵）（19 ページ）

写真３：1921 年当時の「大阪駅舎」（荒木康彦所蔵絵葉書より）（24 ページ）

写真４：神戸港写真「沖合船上より築港を望む」の部分（神戸市土木部港湾課『神戸港大観』〔1923 年版〕より）（近畿大学建学史料室所蔵）（26 ページ）

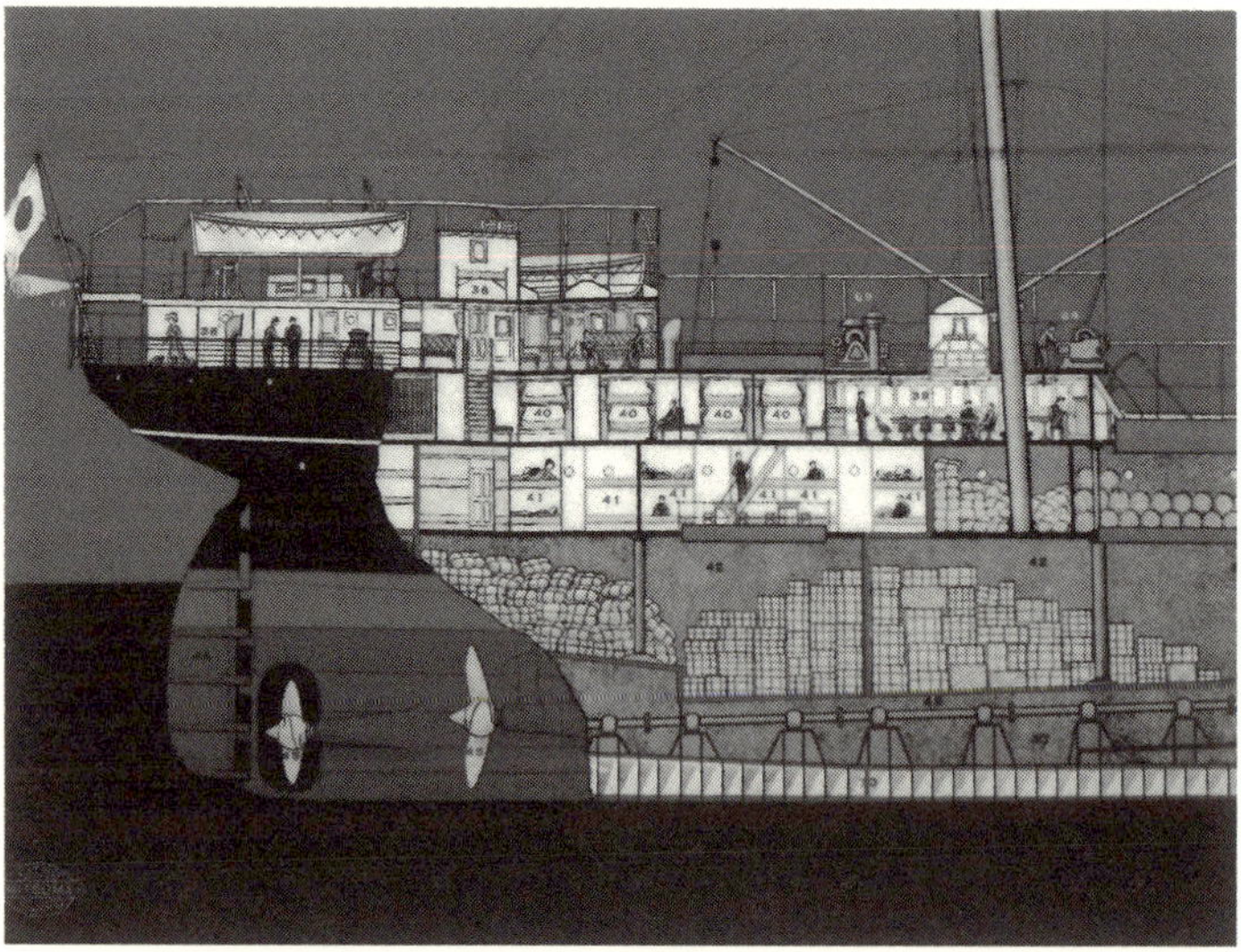

写真５：「日本郵船《にほんゆうせん》株式會社《かぶしきかいしゃ》一萬頓型《いちまんとんかた》汽船《きせん》 縦《じゅう》断面図《だんめんず》」の船尾部分（『日本郵船株式會社創立三十年記念帳』〔1925 年刊行〕所収図面より）（近畿大学中央図書館所蔵）（28 ページ）
番号 40 番が 2 等客室である。

写真６：「ベルリンのアンハルト駅」(近畿大学建学史料室所蔵絵葉書より) (34 ページ)

写真７：1923 年発行の 100,000 マルク紙幣 (荒木康彦所蔵) (45 ページ)

写真８：初当選時（1932 年）の世耕弘一写真（『アサヒグラフ』第 18 巻第 104 号「新代議士名鑑」〔東京朝日新聞社・大阪朝日新聞社　1932 年 3 月 1 日〕所収写真より）（荒木康彦所蔵）（71 ページ）

写真９：1947 年ころの世耕弘一写真（Koichi Seko, *My Mental Attitude*, Kinki University Press 1947. 所収より）（近畿大学中央図書館所蔵）（108 ページ）

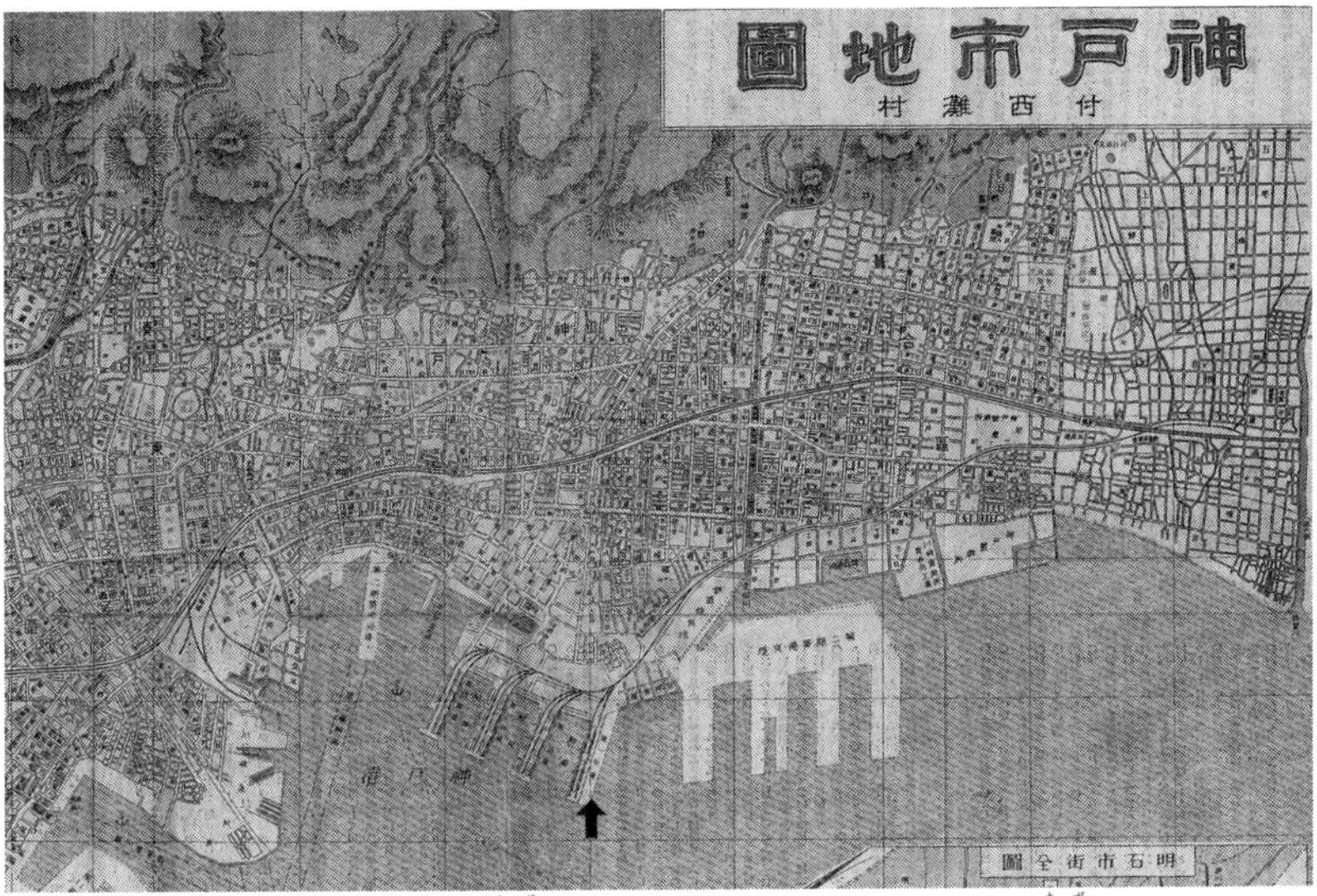

地図１：1923 年刊行の「神戸市地圖《ちず》」部分（向永寅吉著作印刷兼発行「神戸市地圖《ちず》　付西灘村」〔1923 年〕より）（近畿大学建学史料室所蔵）（26 ページ）
矢印で示したのが「第一突堤」

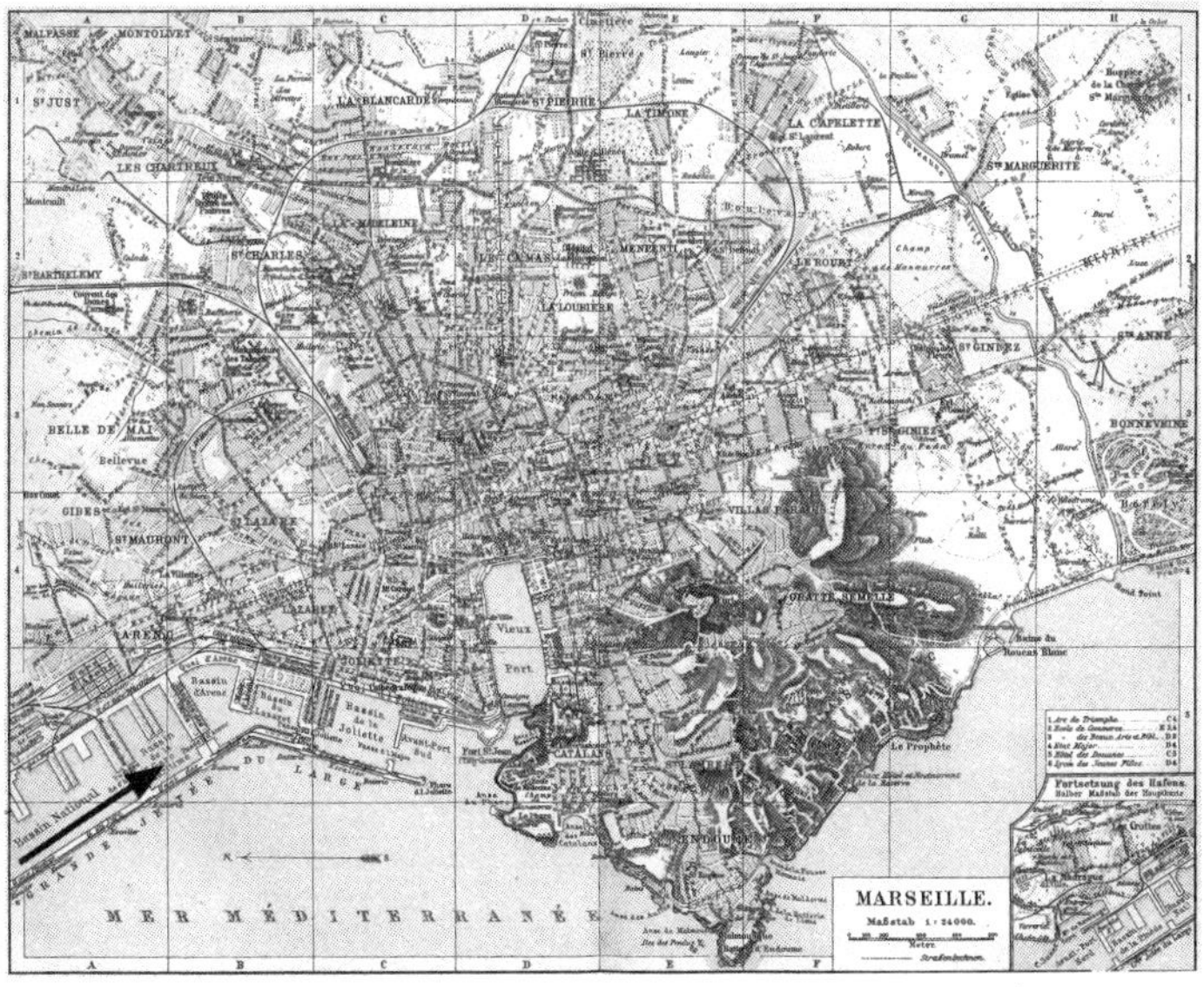

地図２：20 世紀初頭の「マルセイユ地図」部分（1906 年ドイツ刊行百科事典〔*Meyers Grosses Konversations-Lexikon*, 6.Aufl., Bd.13., Leipzig und Wien 1906.〕の Marseille の項目収録の折り込み地図より）（近畿大学中央図書館所蔵）（28 ページ）
矢印で示したのは日本郵船の船舶の入港コース

地図３：「英國《えいこく》及《および》歐洲《おうしゅう》大陸《たいりく》交通《こうつう》略圖《りゃくず》」部分（日本郵船株式會社『歐洲《おうしゅう》大陸《たいりく》旅行《りょこう》日程《にってい》』〔1925 年、1927 年再版〕収録地図より）（近畿大学建学史料室所蔵）（29 ページ）

分りやすくするために、地図には丸囲い番号を関係地名には付けた。
①＝マルセイユ、②＝ジュネーヴ、③＝バーゼル、④＝カールスルーエ、⑤＝フランクフルト、⑥＝ベルリン

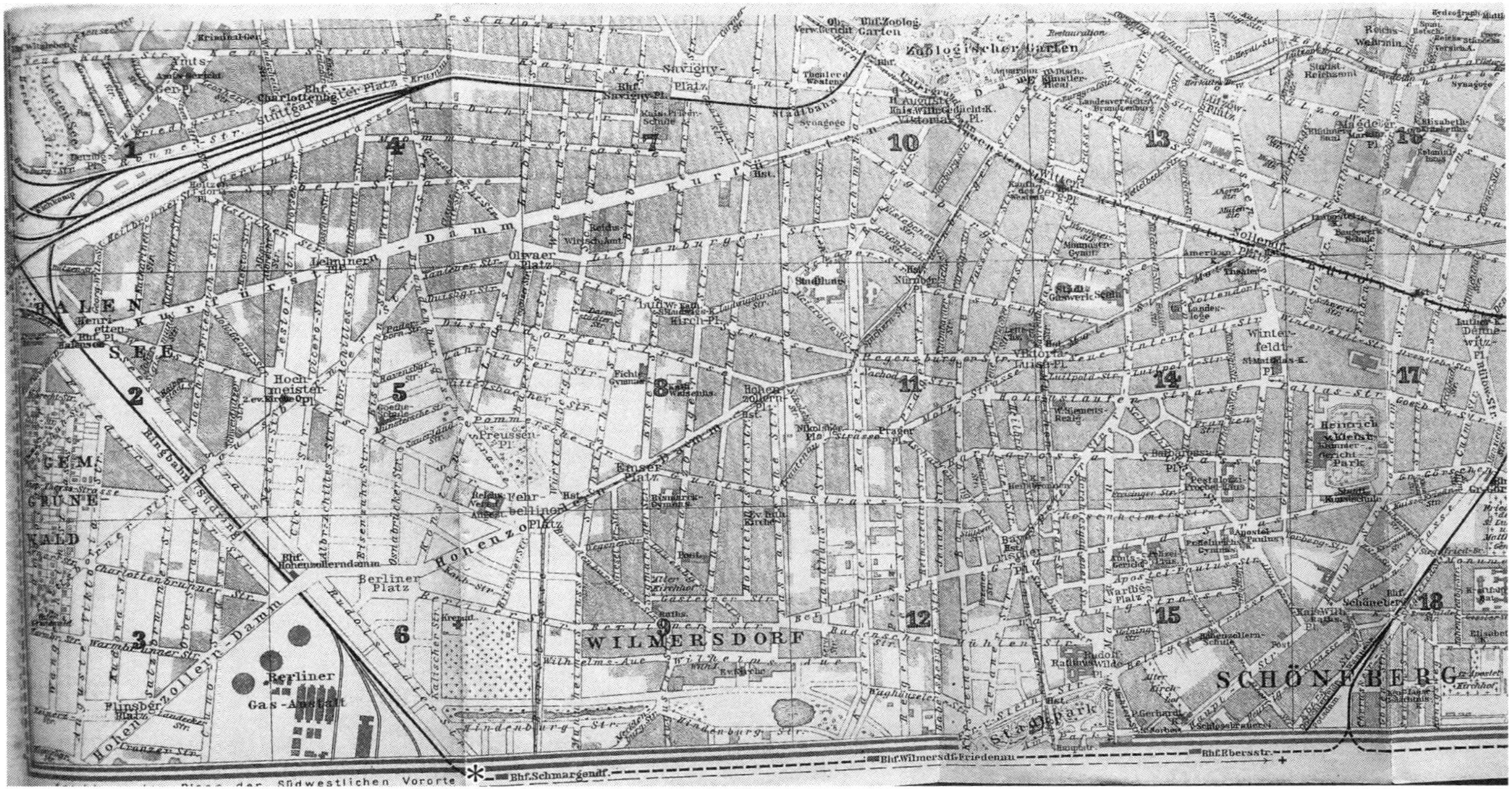

地図４：1923 年当時のベルリン地図の部分（Karl Baedeker, *Berlin and its Environs*, Leipzig 1923. 収録地図より）（荒木康彦所蔵）51 ページ）
＊で示したのが、世耕弘一の下宿があったヒンデンブルク通り

目次／世耕弘一—人と時代—

第Ⅲ部　大学人として、政治家として（一九二七～一九六五）……67

注

世耕弘一 ―人と時代―

第Ⅰ部　おおいなる旅路(一九二三)　―東京～ベルリン―

はじめに

世耕弘一のドイツ留学についての確実な史料としては、弘一自身の著述「ドイツ留学の憶い出」(桜門文化人クラブ編『日本大学七十年の人と歴史』第二巻　洋洋社　一九六一年)のみが従来は知られるだけで、ドイツ留学に至るプロセスについても詳しく正確に知ることはできなかった。そこで、第Ⅰ部では、私が発見した一次史料、さらに日本大学発刊の学術誌『日本法政新誌』や『日大新聞』などから丹念に採取した多数の関係史料に依拠して、世耕弘一の若年期の足跡、日本大学在学時代の活躍、一九二三(大正一二)年にドイツ留学に出立する経緯を詳しく描いている。さらに、当時の日本の時刻表に立脚した東京から関西までの旅程、外務省外交史料館所蔵一次史料などから旅券交付、当時の船会社のパンフレットやヨーロッパの時刻表によって神戸からマルセイユを経由したベルリンに至る世耕弘一の「おおいなる旅路」の詳細な旅程を具体的かつ明瞭に描いている。

1　「学びの場」を求めつつ

世耕弘一は一八九三（明治二六）年三月三〇日に和歌山県東《ひがし》牟《む》婁《ろ》郡《ぐん》敷屋《しきや》村《むら》大字《おおあざ》西敷屋《にししきや》（現在の和歌山県新宮市熊野川町西敷屋）で農業を営む父佐七・母しげの第九子として出生した[1]。弘一は一八九九年に敷屋尋常《じんじょう》小学校[2]に入学し、同尋常小学校を卒業後に請川《うけがわ》高等小学校へ進み、一九〇六年に同高等小学校を卒業した[3]。

ここで、明治時代の学校体系を見ておく必要があるだろう。一八八六（明治一九）年の「小学校令」によって小学校は尋常小学校・高等小学校の二段階とされ、尋常小学校（修業年限四年）が義務教育とされた（その後、この修業年限は三年あるいは四年とされた）[4]。そして、一八八六年には「中学校令」「師範学校令」「帝国大学令」も公布されて学校体系の整備が進んだ。だが、一九〇〇年公布の「小学校令」では義務教育である尋常小学校の修業年限は四年に統一され、その上に修業年限二年の高等科を置き尋常高等小学校とすることが勧められた[5]。また、一八九七年には「高等学校令」が、一九〇三年には「専門学校令」が公布され、学校体系がいっそう整備された[6]。そして、一九〇〇年公布の「小学校令」が一部改正され、一九〇八年より義務教育の修業年限が二年延長され、修業年限六年の尋常小学校・修業年限二年の高等小学校という制度となった[7]。この当時の学校体系は、現在のような六・三制に基づく小学校・中学校・高等学校・大学といった単一のタイプではなくて、義務教育修業後は、当時の学校体系の主要部分を簡略化すれば、つぎのように種々の進学コースがある複雑なタイプ[8]であった。

中学校（女性の場合は、高等女学校）

師範学校（＝教師養成の学校）

さらに、中学校卒業後は、次のようなコースがあった。

専門学校

高等学校、そしてさらに帝国大学

日清戦争後の林産物価の高騰は東牟婁郡の経済を豊かにし、同郡では向学心の高まりと教育施設の整備が著しかった[9]。その結果、日清戦争後の数年間で同郡の初等教育は完成の域に達し、和歌山県でもっとも優れたものとなった[10]。一九〇二（明治三五）年度の統計によると、東牟婁郡では尋常小学校は五四校・高等小学校は三校・尋常高等併置小学校は一八校であった[11]。同じく、同郡の小学校の尋常科の児童数は男児四、〇九五・女児三、八六二、高等科の児童数は男児一、六二七・女児五二四となっている[12]。そのため、同郡では中等教育の施設の必要性も生じた[13]。当時は和歌山県立第二中学校が田辺に置かれていたが[14]、一九〇一年に和歌山県立第二中学校新宮分校が設立され[15]、一九〇三年にそれが和歌山県立新宮中学校と改称された[16]。

世耕弘一が義務教育の修業年限を修了した時点で、敷屋村の小学校は尋常小学校だけであったので、近隣の請川村に設置されていた高等小学校に進んだということであろう。そして、弘一が高等小学校を卒業した一九〇六年は、先に見たように、東牟婁郡ではすでに初等教育が完成の域に達した時期であり、中学校進学が視野に入りやすい状況になっていた。とはいうものの、中学校などの中等教育機関への進学率は、たとえば、一九〇五(明治三八)年に、男性が一二・四%・女性が四・二%で、平均八・八%であり[17]、しかも明治末から大正はじめにかけては不景気が続いている状況であった。

請川高等小学校を卒業した弘一は、一九〇八年に熊野川流域の木材の集積地である新宮の富士九材木店に就職し、一九一四(大正三)年には上京して東京の深川にあった大湊《おおみなと》材木店に転職し[18]、夜間の学校への通学を希望したが、勤務先でそれが理解されなかったようである[19]。そうしたこともあってか、一九一五年に弘一は大湊材木店を退職して、中国東北部に渡ったとされている[20]。日露戦争の講和条約であるポーツマス条約(一九〇五年)で日本の大連・旅順租借権と旅順・長春間の鉄道権益権が認められ、鉄道沿線の開発が盛んに行われていた時期でもあり[21]、中学校進学に必要な学費を中国東北部で得る望みが弘一にはあったと思われる。

2　ふたたび東京にて

一九一六（大正五）年に志《こころざし》破れて中国東北部から東京に戻った世耕弘一は[22]、進学を目指して働きながら神田にあった正則英語学校の夜間部に通い始めた[23]。そうした弘一が最終的に選んだ仕事は、人力車の車夫であった。その歴史的背景を深く探ると、きわめて興味深い側面が浮上してくる。それは、この時期における苦学の盛行である。苦学の盛行のバロメーターをなすのが、苦学を取り扱った書籍の刊行数である。弘一の生年である一八九三（明治二十六）年から日本大学予科入学の年である一九一八（大正七）年までの間の各年に「苦学」を取り扱った書籍が何点刊行されたか、その点数を挙げると、次の通りである[24]。

一八九三年：五点	一九〇二年：三五点	一九一一年：五二点
一八九四年：六点	一九〇三年：二八点	一九一二年：五三点
一八九五年：四点	一九〇四年：一五点	一九一三年：一八点
一八九六年：四点	一九〇五年：一〇点	一九一四年：一五点
一八九七年：八点	一九〇六年：一六点	一九一五年：二二点
一八九八年：五点	一九〇七年：二四点	一九一六年：二六点
一八九九年：八点	一九〇八年：一九点	一九一七年：二三点

一九〇〇年：一三点　　一九〇九年：三三点　　一九一八年：一二点
一九〇一年：一一点　　一九一〇年：五八点

右掲の統計数字から、⑴一九〇二～一九〇三年、⑵一九一〇～一九一二年、⑶一九一五～一九一七年に刊行数が顕著に増加していることが瞭然であり、この⑶の時期が弘一の苦学の時期に一致しているのは注目に値する。こうした時期における「苦学」を取り扱った書籍の刊行の盛行には、当然背景がある。例えば、日清戦争後、小学校への就学率が急激に上り、一九〇〇年の「小学校令」で義務教育四年制が確立され、同時に二年制の高等小学校の並置が推奨された[25]。そうした結果、一九〇二年次には「学齢児童の就学率」が、男九十六・八パーセント、女八十七・六パーセント、平均九十一・六パーセントとなり、就学率がこの年次に九十パーセントを超えたのである[26]。他方、中学校の数等は増加があまり見られなかった[27]。こうした事実こそが、「苦学」を取り扱った書籍の刊行や「苦学」そのものの盛行の背景にあったのであろう。

注目すべきは、こうした書籍の中には「苦学」の仕方の実践的な指導書も存在しており、例えば、弘一の「苦学」時代にわずかに先立つ一九一五年に刊行された『東京苦學成功法　附録東京立身就職の手引』では苦学生に最適な職業が列挙されており、「車夫」は「身體が頑健《がんけん》で勞働を厭《いとわ》ぬ者には車夫が最も適當だ」[28]として推奨され、「苦學生諸君が車を曳《ひ》くとしたら如何しても晝間《ひるま》學校に通つて、仕事として夜曳《ひ》いた方が得策である。」[29]と力説されているのである。「苦學生」に最適な職業として「車夫」を推奨するこの種の指導書は、枚挙に暇《いとま》がないと言ってよいのである[30]。

車夫をしながら苦学した弘一の経歴は、後に穂積驚《ほづみはる》（一九一二～一九八〇）による実名入り小説『學《がく》生俥夫《せいしゃふ》』（一九四〇年四月刊行『キング』第一五巻第四号掲載）によって、広く知られることとなった。弘一は中学卒業を待たずに専門学校[31]に進むことができる「専門学校入学者検定試験」[32]（当時は略して「専検」と呼ばれていた）の制度に着目し、これに合格して進学することを目指した。正則英語学校と並んで正則予備学校もあり、後者では専門学校受験を準備する人が多く学んだことが知られている[33]。先に触れた「専検」は、その当時、非常に難関であった。当時の受験雑誌によれば、その頃の東京府の「専検」合格者数は一九一五年が一八名、一九一六年が二〇名、一九一七年が一八名である[34]。弘一が受験した年である一九一八年の二月に実施された東京府の「専検」の一次史料を最近発見し得たが、それによれば、一九一八年の東京府の「専検」受験者数は二二四名で、合格者は四一名となっている[35]。以上から、東京府の「専検」は、当時としては非常に難関であったことがうかがえる。一九一八年に弘一は、猛勉強の結果、これに見事に合格して、日本大学予科に入学したわけである。

3　この時代の一般的情勢

さて、この時代の高等教育拡充の時代的背景[36]を知るために、当時の一般的情勢に、目を向けておくことが必要である。一九一四(大正三)年に、第一次世界大戦が勃発し、この戦争にはあまり関わらなかったわが国はその財政的負担が少なく、未曾有《みぞう》の戦時景気が訪れ、明治末期以来の不況を脱することになった。そして、日本ではこの大戦中に工業化が進み、輸出も盛んになり、特に海運業は活況を呈した。かくして、第一次世界大戦期の日本では工業生産が農業生産を凌駕するようになったのである。また、政治的に見ると、大戦時代の好景気のもとでの資本主義経済の急成長の結果、都市部を中心にしていわゆる「大正デモクラシー」運動が広がり、普通選挙運動も高まりもみせた。そのような中で、ここで特に関係してくることを指摘すれば、このような日本の社会・経済の変化の結果、経済界では多数の人材を要するようになり、高等教育機関の拡充が当時の政府の文教政策の一つの大きな課題となっていった。

4 大学令

そうした中で一九一七(大正六)年に「臨時教育会議」が設置され、それに取り組むことになった[37]。翌一八年九月二九日に衆議院の第一党である立憲政友会の原敬《はらたかし》[38]内閣が成立し[39]、原内閣は積極政策を進めた。その一つに教育施設の充実があり、文部大臣中橋徳五郎《なかはしとくごろう》[40]のもとで高等教育機関拡充が進められた。「臨時教育会議」に対して「大学教育及専門教育ニ関スル件」の諮問があり、従来大学は官立大学である帝国大学に限られていたのを、公立・私立大学などの設立も認めるべきであると、この会議は答申した[41]。この答申により、一九一八年一二月六日に「大学令」が公布された（施行は翌一九年四月一日）[42]。

その当時の私立の専門学校は一九〇三（明治三六）年三月二七日に公布された「専門学校令」によって教育機関として法的認可を受けた存在であり、それらの中には「大学」の名称をとるものがいくつもあったが、「大学令」が公布されるまでは、大学を規定するのは一八八六年公布の「帝国大学令」以外はなかった。したがって、正規に「大学」としての法的認可受けていたのは「帝国大学」だけであり、大学と称していた私立の学校は法制上「専門学校」として大学とは明確に区別されていた[43]。

先に触れたとおり、一九一八（大正七）年一二月六日に公布され、翌年四月一日に施行された「大学令」[44]には、私立大学については以下の諸点などが規定されていた[45]ことが注目される。

第六条によれば、「私立大学ハ財団法人タルヲ要ス」こと

第七条によれば、「財団法人」は「大學ニ要スル」資金などを生み出す「基本財産」を有することが必要であり、「基本財産」に該当する「現金」・「国債証券」・その他の有価証券を「供託《きょうたく》」すべきこと

さらに、ここで必要な条文について触れれば、次のとおりである。

第一二条によれば、大学には特別の場合に「予科」を置くことが出来るが、高等学校と同等の「高等教育」をなすべきこと

第一七条によれば、大学には「相当数ノ専任教員」を置くべきこと

5　日本大学の「大学認可」

「大学令」に基づいて申請した慶應義塾大学と早稲田大学が一九二〇（大正九）年二月五日にそれぞれ認可され[46]、中央大学・日本大学・法政大学・明治大学・国学院大学・同志社大学が同年四月一五日に同時に認可された[47]。ところで、「認可」を受ける際の重大な問題は、基金の供託であった。認可を受けようとする大学は「設立認可ノ指令ヲ受ケタル日ヨリ三週間以内」に最低五〇万円の基本財産の供託を完了しなければならなかったからである[48]。日本大学の場合、法文学部と商学部の二学部設置を申請しているので六〇万円の供託金を三週間以内に納める必要があったが、規模が小さく財政基盤も弱かった当時の日本大学にはそれが困難であった[49]。認可申請の際に文部省に提出された書類[50]によれば、学部学生数が日本大学は六五〇人であるのに慶應義塾大学は二、八五〇人・早稲田大学が二、三〇〇人、学部専任教員が日本大学は一二人であるのに慶應義塾大学は六一人・早稲田大学が六九人となっている。そのような状況下で、弘一自身の著述「昇格運動の憶い出」によれば、専門学校令による日本大学の予科の学生の弘一は学友二人と相談して、募金活動を熱心に展開し、「三万円ぐらい」を集めて、理事の山岡《やまおか》萬之助《まんのすけ》[51]のもとに持参したのであった[52]。ちなみ

に、当時の日本大学の総長は松岡康毅《まつおかやすたか》[53]であったが、老年で体力的に限界があったので、実質的には理事の山岡萬之助が日本大学の経営の中心であった。結局、この供託金は、五か年分割で納められた[54]。前述のように一九二〇（大正九）年四月一五日に日本大学は「大学令」によって認可された大学となり、「昇格運動の憶い出」には、弘一は日本大学「昇格」の年の入学生であることが記されている[55]。

6　日本大学による留学生派遣

一九二三（大正一二）年二月当時で日本大学は一二名を「日本大学留学生」として派遣しており、永田菊四郎《ながたきくしろう》[56]ら五人を同月さらにドイツなどに派遣した[57]。ここで注目すべきは、この「昇格運動の憶い出」末尾に記されているように[58]、弘一は大学に昇格した後に日本大学が最初に派遣した留学生である点である。この当時に日本大学の経営の中心であった山岡萬之助がこのように多数の卒業生などを外国留学させたのは、日本大学は他の私立大学に比べて専任教員がきわめて少なく、「大学令」第一七条に抵触するので、これを解消するためであったと考えられる[59]。日本大学によって留学に派遣された者にはすでに同大学の専任教員となっている者もあったが、日本大学の卒業生のなかから選ばれ、海外留学によってキャリア・アップして帰国した者を教員に任用していくという方法であった[60]。後者の場合は、帰国後は日本大学の専任教員となることを、つまり転職を認めて留学したのであり、のちに触れるように弘一の場合はそうであった。派遣費用は、日本大学からの費用および校友の寄付金等によって調達され、実質的には在外研究員のようなかたちであった[61]。

7 学生生活

日本大学在学中の弘一は人力車の車夫としての厳しい労働に従事しながら勉学に励んだだけではなくて、大学生活において多彩な活動を展開したことが推察される史料が残されている。一九二〇（大正九）年五月一六日に日本大学の新校舎落成及び大学昇格祝賀会・大正八年度卒業証書授与式・校友会春季大会が、神田三崎町の同大学で盛大に催された。その時の余興として法文学部法律科の学生が演じた、原惣兵衛《はらそうべい》[62]作『新派主義の争ひ』（正しくは、新派喜劇『主義の争ひ』）の一シーンが、『日本法政新誌』（第一七巻第六号）[63]に残されている（巻頭収録の写真1）。この写真のキャプションによれば、学生の田中百合之助《たなかゆりのすけ》演じる「令嬢花子」と同じく学生の原惣兵衛演じる「青年政治家」が舞台中央で手を取り合っており、その少し右で右手に杖を握り、羽織袴《はおりはかま》姿で豪快に高笑いしている「花子の父」を演じるのが弘一である。この劇の「役割」つまり配役がこの雑誌の同号に掲載されており、「父今時咲春《いまどきさきはる》」役の「世耕弘一」の名がある[64]。同年一一月七日には日本大学学生会主催の北中国飢饉《ききん》救済の「慈善演劇会」が開催され、『高田の馬場義憤《ぎふん》の一刃《いちじん》』という劇で弘一は「のりやの婆」さん役を演じている（『日本法政新誌』第一七巻第一二号）65。つまり、弘一はたんにクラブ活動で演劇をしていたのではなくて、国際的な慈善活動としてそれをしていた面もあったのである。弘一は働きながら大学生活を送り、勉学に励んだだけではなくて、演劇で、さらに雄弁会でも活躍したのであった。『日本法政新誌』というこの雑誌の他の巻に出てくる弘一の雄弁会での主要な活動は、以下の通りである。

一九一九年五月一八日・日本大学春季雄弁会・「所感」の演題で弁じた（第一六巻第六号）66

一九一九年一〇月五日・日本大学秋季雄弁会・「不良老年処分を諭す」の演題で弁じた（第一六巻第一二号）67

一九二〇年九月二三日・日本大学雄弁会秋季大会・「日米問題ノ現在ト将来」の演題で弁じた（第一七巻第一〇号）68

同年一〇月一〇日・全国大学連合雄弁大会（日本大学大講堂で開催）・幹事として開会の辞を述べた（第一七巻第一一号）69

一九二〇年一一月一四日・各大学専門校《ママ》主催学生連合雄弁大会・「大和民族を率いて」の演題で弁じた（第一七巻第一二号）70

一九二一年二月五日・各大学専門校《ママ》主催学生連合雄弁大会・「偶成」の演題で弁じた（第一八巻第四号）71

同年一年二月一三日・日本大学雄弁会春季雄弁例会・「動物と人間」の演題で弁じた（第一八巻第四号）72

一九二一年五月一日・日本大学雄弁会春季雄弁例会・「人」の演題で弁じた（第一八巻第六号）[73]

一九二一年一一月二〇日・全国大学校専門学校学生連合大演説大会（日本大学大講堂で開催）・「創造の進化」の演題で弁じた（第一八巻第一二号）[74]

以上から、弘一は雄弁会では日本大学だけではなくて全国的によく知られた存在だったことが、よく分る。

また、学友会でも弘一はリーダー的存在として知られていたようであり、一九二〇年三月一〇日には日本大学予科学友会で座長に選出されて司会を務めている。（第一七巻第三号）[75]。

そうした弘一の日本大学在学中の多面的な活躍を同大学の理事山岡萬之助が評価し、大学令に基づく大学となった後の日本大学の最初の卒業生の代表として「日本大学ドイツ留学生」に選抜したと推察される。

8　朝日新聞社採用とドイツ留学の内定

世耕弘一は、一九二三（大正一二）年の大学卒業[76]に際し、『土性骨風雲録』によれば朝日新聞社に就職の願書を出したが、同大阪本社から通知された入社試験日[77]が大学の卒業試験と重なっていたので、受験は断念したという[78]。ところが、折り返し、同東京本社から試験に来るように通知があり、弘一は結局採用された[79]。これまた『土性骨風雲録』によれば、短期間大阪本社に、その後は東京本社の経済部に配属され、有名な経済記者であった牧野《まきの》輝智《てるとし》[80]経済部長のもとで活動した。そうした経済記者としてのキャリアは、弘一がこの後にドイツに渡った時に直面したハイパー・インフレーションの実情を考察するのに役に立ったはずである。

こうした中で弘一は思いがけない吉報に接することになった。それは、「ドイツ留学の憶い出」にあるように、日本大学の理事山岡萬之助から「大正十二年四月末」に「ドイツ留学の内命をうけた」からである[81]。すでに触れた通り、日本大学は専任教員増員のために卒業生の中から優秀なものを選んで海外留学させて、帰国後は採用する方策をとっており、日本大学が大学に昇格した後の最初の卒業生の中から弘一が選ばれたということであろう。そこで、朝日新聞社に採用されて間もない弘一は、円満な形で、事実上退社したと思われる。そう推測できる根拠は、朝日新聞本社「自大正十一年至大正十五年　社員異動簿（大阪　東京）」[82]所収の「世耕弘一」の欄である。つまり、大阪・東京朝日新聞本社の大正一一年から大正一五年までの人事異動に関する記録の大正一二年の部分に、弘一に関する以下のような史料が収録されている。「発令月日」の欄には「大阪朝日新聞社総務局文書課　一二．七．一一」のスタンプがあり、「給与」は「報酬無シ」、「氏名」は「世耕弘一」、「辞令」は「在欧中通信《ざいおうちゅうつうしん》ヲ嘱託《しょくたく》ス」、「所属」は「私立《しりつ》日本大學《にほんだいがく》独乙《どいつ》留学生《りゅうがくせい》」、「職名」は空白、「備考」は二人の署名があり、「通知」は「／」となっている（引用は原文通りであるが、適宜ルビをつけた）。したがって、日本大学のドイツ留学生としての「世耕弘一」が大正一二年七月一一日、すなわち一九二三年七月一一日に朝日新聞社から報酬なしでヨーロッパ滞在中に記事を送るのを委託されたことを示す、決定的な史料である。

9　旅券申請

このような段階で、弘一がなすべきことは　海外渡航のための旅券の申請であった。この当時、旅券申請の際には外国旅券下付願・戸籍抄本・本人の上半身の写真二枚を道府県に提出しなければならず、旅券手数料は移民の場合は五円、移民でない場合は一〇円となっていた[83]。したがって、弘一は、外国旅券下付願・戸籍抄本・上半身の写真二枚・「旅券手数料」一〇円を当時の東京府に提出したと推察される。外務省は旅券を交付し、その結果を「海外旅券下付表」として一覧表を作成している。その「二二八巻　大正自十二七月至九月」[84]の「東京府」の部分の一九枚目裏に弘一の項目を発見することができた。「旅券番號《りょけんばんごう》」は「五四九八三二」、「氏名」は「世耕弘一」、「身分」は「戸主梅吉弟」、「本籍地」は「和歌山縣東牟婁郡敷屋村」、「年齢」は「卅年六月」(三〇歳六か月)、「保証人」はこの時代は不要で空欄、「旅行地名」は「香港、新嘉坡、馬按加、彼南、古倫母、蘇土、坡西士、佛、瑞、獨」(ホンコン、シンガポール、マラッカ、プナン、コロンボ、スエズ、ポートサイド、フランス、スイス、ドイツ)、「旅行目的」は「學術研究《がくじゅつけんきゅう》」、「下付月日」は「八月三日」となっている。

その当時交付された旅券は今日のような「手帳型」旅券ではなくて、いわゆる「賞状型」（縦約二六㎝・横約四〇㎝）の大型サイズの旅券であった。近畿大学建学史料室には、「大正十四年八月二十三日」に衆議院事務官の海外出張の際に交付された「日本帝国海外旅券」（巻頭収録の写真2）が所蔵されている。その表の右側に「日本帝国海外旅券」の日本語表記、左側に外国語表記がある。裏の右側には本人の顔写真が貼付されている。外務省はこの直後の一九二五（大正一四）年までに「賞状」形旅券を使い尽し、翌年から「手帳形」のものを使用することにした[85]。

弘一に対して一九二三（大正一二）年八月三日に交付された「日本帝国海外旅券」もこのような「賞状型」のものであったはずである。そして、表の右側の「日本帝國海外旅券」の日本語表記の部分の右肩には「五四九八三一」号と印刷され、文言の一行目の「右ハ」以下には、「学術研究のために香港、新嘉坡、馬按加、彼南、古倫母、蘇土、坡西土、佛、瑞、獨へ」といったような文言が書かれていたと思われる。先に触れた近畿大学建学史料室所蔵の「賞状型」旅券は添付の専用封筒に入れて携帯されるようになっており、持ち運びに不便であったことがよく分る。

10　送別会でのスピーチ

弘一が旅券交付を受けた直後の同年八月八日に、日本大学の留学生や海外視察者のために、山岡萬之助ら同大学の主だった人たちによって「有志のつどひ」（＝有志の集い）が催された[86]。まず一同そろっての記念撮影がなされるのに、肝心の弘一がまだ来ていなかった。一同が噂をしていると、弘一が汗をかきながら登場した。ドイツ留学に行く前なのに、留学から帰ってきたような端正なモーニング姿だった。撮影の後、送られる人たちのスピーチが行われた。弘一とともにドイツ留学に行くことになっている、後述の小林錡《かなえ》は、留学を他家訪問にたとえて、玄関先で帰って来るようなことはせず、その家の台所の隅々までも見るような徹底的な研究をするつもりだ、と述べた。

つぎに弘一がスピーチをしたが、自分は留学中には「ピアノとダンスとそれから語學《ごがく》」をおおいにやるつもりで、「経済學《けいざいがく》はそのつけたり」にやるといった、ユーモアに富んだものであった。このスピーチはたいへん含蓄深いものであり、留学先のドイツではたんに「経済學《けいざいがく》」という学問だけではなくて、ピアノ・ダンス・語学つまり芸術・社会・文化に根本的に取り組んで来るということであり、つまり木を見て森を見ないということはしないという決意表明であったろう。それから、「大學時代《だいがくじだい》から人の三人前《にんまえ》の仕事《しごと》をやる主義《しゅぎ》であった」自分は、「本學《ほんがく》の留学生《りゅうがくせい》と、朝日新聞及《あさひしんぶんおよ》び文《もん》部省《ぶしょう》の両方《りょうほう》に関係《かんけい》してゐるので三人前《さんにんまえ》」を留学中のもやってのけるつもりだと述べ、自分の「通信《つうしん》が朝日《あさひ》に出《で》たのを御覧下《ごらんくだ》さらば幸《さいわい》に世耕《せこう》やってるなと思《おも》つて頂《いただ》きたい」と結んで盛大な拍手を浴びた。朝日新聞との関係とはもちろん「在欧中通信《ざいおうちゅうつうしん》」を委嘱されたことであるが、文部省との関係とは一九三二年発行の『政友會総覧《せいゆうかいそうらん》』収録の「政友会代議士名鑑」[87]に収録の弘一の欄にある「文部省ヨリ歐州各國《おうしゅうかっこく》宗教制度調査ヲ委嘱《いしょく》セラル」ことを指しているのであろう。

11　史料としての「ドイツ留学の憶い出」

さて、すでに触れたように、弘一自身の著述「ドイツ留学の憶い出」は、ドイツ留学に関して述べている非常に貴重な史料であり、最近までは、弘一のドイツ留学に至る経緯やベルリンでの生活などを知る唯一の確実な史料であった。先に挙げた『日本大学七十年の人と歴史』が編纂される際に、採録されたものである。ドイツ留学内定の時期やドイツ留学のための旅に関するそこでの言及[88]をまとめて、箇条書きにすると、次のような四点になる。

(1)日本大学理事山岡萬之助から「ドイツ留学の内命をうけたのは大正十二年四月末」のこと
(2)「東京を出発したのがその年の八月三十一日」であったこと
(3)「神戸から伏見丸という船に乗ってドイツに向かった」こと
(4)「伏見丸では小林錡さんと一緒であったが、小林さんとは一緒に日本を発って帰国する時も一

緒であった」こと

特に興味深いのは(2)の東京を出発した日であり、『土性骨風雲録』によれば、弘一は当初、九月一日に出発の予定であったが、友人のアドヴァイスを容れて一日早く東京を出たのであった。予定通りであったら「関東大震災」のためにドイツ留学に出立できなかった可能性もあり、周囲の人間の言葉を受け入れる弘一の柔軟な判断力がそこによく表れているように思われる。

12　史料としての「小林先生との深い因縁」

小林錡《かなえ》（一八八八～一九六〇）は当時日本大学法文学部教授（後に衆議院議員）で、すでに触れたように、弘一とドイツ留学にいっしょに行った人物である。この人物についての史料を探している中で、弘一の小林錡に対する追悼文を見出すことができた。それが「小林先生との深い因縁」[89]である。この史料の存在は従来知られておらず、「ドイツ留学の憶い出」には触れられていない、以下の点がここには記されており、そういう意味でこの史料も非常に貴重である。

(a)「独逸に留学の時は同時に神戸で乗船、船室も二等で同室」であった点

(b)「日本をはなれてベルリンに着くまで四十五日間」を要した点

ドイツ留学のために乗船した日本郵船の伏見丸での船旅の様子も、以下のように活写されていて、

非常に興味深い史料である。

（前略）コロンボで、暑さにあたり熱病にかかったのも二人いっしょで、三十八度前後の体温。そして、地中海に入ると同時にケロリと平熱となって、元気で終着港マルセイユについたのであった。（後略）[90]

この「小林先生との深い因縁」という史料で重要な点は、(b)の出国して留学先のベルリンまで四五日を要したということである。

13　「おおいなる旅路」―東京から大阪へ―

かくして留学準備のなった弘一の「おおいなる旅路」は、一九一四年に創建された東京駅から始まった。ちなみに、自動車が多くなるのは関東大震災の後からで、当時の東京では路面電車と人力車が都市内の主な交通手段であった。震災で路面電車の軌道が大きな損害をこうむり、復旧に時間を要することから、アメリカ合衆国から輸入された比較的低廉で丈夫な自動車がおおく見られるようになった[91]。「ドイツ留学の憶い出」によれば、弘一が「東京を出発したのがその年の八月三十一日、関東大震災の前日」であった。前述のように、最初は一九二三年九月一日に出発の予定であったが、『土性骨風雲録』によれば、友人のアドヴァイスを容れて、一日早めて八月三一日の夜汽車で東京を発ったとのことであり、まことに際どいことであった。一九二三年七月一日刊行の時刻表[92]によれば、東京発の大阪方面行の夜行の急行列車の時刻表は以下に掲げたとおりである。

急行列車　神戸行　列車番号九　東京発：一八時〇〇分　大阪着：六時三三分
急行列車　神戸行　列車番号一一　東京発：一九時三〇分　大阪着：八時〇二分
急行列車　神戸行　列車番号一三　東京発：一九時四五分　大阪着：八時二七分
急行列車　下関行　列車番号五　東京発：二〇時二五分　大阪着：八時五四分
急行列車　下関行　列車番号七　東京発：二〇時四〇分　大阪着：九時一九分
急行列車　神戸行　列車番号一五　東京発：二三時〇〇分　大阪着：一一時〇八分

この六本の急行列車のいずれかで弘一は同年九月一日に大阪に到着したということであろう。当時は急行でも東京・大阪間は一二時間以上かかっている。

14　「おおいなる旅路」―神戸から出国―

巻頭収録の写真3は一九二一年に発行されたと判断される絵葉書[93]にある「梅田停車場」の姿で

ある。この「梅田停車場」の駅舎は一九一五年に竣工した石造建築物で、二代目の大阪駅舎である。この絵葉書の右端には路面電車の一部が写っており、また、駅舎の左側には多数の人力車が待機しており、この時期の特色がよく表れている。一九二三年九月一日に弘一はこのような姿の大阪駅に着いて、「ドイツ留学の憶い出」によれば、同日「大阪で昼食をしている時に、グラグラと揺れだしたが、まさか東京が、あんな大きな被害を受けようとは思わなかった。」[94]とのことである。翌九月二日に神戸に行き、乗船前に関東大震災による東京の被害が大きいとの報に接し、弘一は出発を逡《しゅん》巡《じゅん》はしたが、『土性骨風雲録』によると、東京の山の手は被害が小さかったとの情報で家族の無事を確信し、予定していた日本郵船株式会社の伏見丸で神戸を出立したというのである[95]。

神戸で発行された一九二三年九月二三日付け英字新聞[96]に掲載された「船舶情報」の「出航」の欄の September 2nd.（九月二日）の部分に“Fushimi-maru, 1093, for London-N.Y.K.,”（伏見丸、一、〇九三トン、ロンドン向け、日本郵船株式会社）と報じられているのを発見した。ここにある「一、〇九三」という伏見丸のトン数は誤りであり、一〇、九三〇トンというのが正しい。また、この伏見丸はマルセイユを経由して、ロンドンに向かうことになっていたことが分る。この史料によって、弘一が搭乗した伏見丸が一九二三年、すなわち大正一二年九月二日に神戸を出航したという事実確認ができた。本書の表表紙の伏見丸の驀進《ばくしん》する姿は、日本郵船株式会社発行の絵葉書（荒木康彦所蔵）からのものである。ちなみに、伏見丸は一九一四（大正三）年一二月二日に三菱長崎造船所で進水し、一九四三（昭和一八）年二月一日に御前崎《おまえざき》沖でアメリカ海軍の潜水艦による雷撃で沈没した[97]。

15 その当時の神戸港

一九二三年以来、神戸市土木部港湾課（現在では、神戸市みなと総局みなと振興部振興課情報統計課）から出されている年次報告書『神戸港大観』（一九二三年版）[98]口絵に、当時の神戸港の写真三枚が収録されている。その中の一枚である「沖合船上より築港を望む」と題するもの（巻頭収録の写真4）に四本の突堤が写っている。その右端にかすんで写っているのが一番突堤であり、ここに日本郵船の船舶は接岸していた。左端の第四突堤の沖合を黒煙を吐きながら日本郵船の船（煙突に描かれているマークから分る）が入港し、第一突堤に向かおうとしている。

巻頭収録の地図1は一九二三年刊行の「神戸市地圖《こうべしちず》」[99]の一部分であり、この西南部に第一突堤・第二突堤・第三突堤・第四突堤があり、いずれにも鉄道の引き込み線が敷設されている。第二突堤・第三突堤・第四突堤には貨物を収納する倉庫が多数あるが、日本郵船の船舶が接岸する第一突堤の東側の岸壁付近には建物はない。第一突堤に接岸した伏見丸に弘一は搭乗してヨーロッパに向かったことになる。

16　マルセイユまでの船旅

さて、「小林先生との深い因縁」において、世耕弘一は「日本をはなれてベルリンに着くまで四十五日間」要したと[100]述べているので、神戸を発ってベルリン到着まで四五日要したということになる。そして、弘一が出航した一九二三年に刊行されている『公認　汽車汽船　旅行案内　大正十二年七月　第三四六号』掲載の「日本郵船株式會社歐洲線定期表《にほんゆうせんかぶしきがいしゃおうしゅうせんていきひょう》」によれば、伏見丸と同じ一万トンクラスの諏訪丸船舶は、神戸から四三日目に「馬耳塞《マルセイユ》」着になっている[101]。

したがって、この四五日のうちの初めから四二日と何時間かは伏見丸で弘一と小林錡は過ごしたということになる。また、この『公認　汽車汽船　旅行案内　大正十二年七月　第三四六号』に掲載されている日本郵船の「蘇西《すえず》経由欧洲線《おうしゅうせん》船客運賃表」によれば、神戸からマルセイユまで一等では一、〇〇〇円、二等では六七〇円、特三等では四九〇円、三等では三三〇円となっている[102]。弘一が乗船し、同年九月二日に神戸を発った伏見丸の船賃も、マルセイユまではほぼ同額であっただろうと判断される。したがって、二等客室を利用した弘一の「船客運賃」も六七〇円と考えられる。

「小林先生との深い因縁」では、弘一は小林錡と「独逸に留学の時は同時に神戸で乗船、船室も二等で同室」とされており[103]、『日本郵船株式會社創立三十年記念帳』[104]収録の非常に克明な「日本郵船株式會社一萬頓汽船縦断面図《いちまんとんきせんじゅうだんめんず》」の船尾部分に、弘一が利用した「二等客室」を確認できる（巻頭収録の写真5)。船尾部分に四室あり、二段ベッドと椅子とが置かれており、この四部屋のいずれかを弘一は小林錡と共同で利用していたことになる。ここの居住性は必ずしも良くなかったようで、「小林先生との深い因縁」の引用部分にあるように、コロンボ付近では両人とも熱病に罹ったことが記されている[105]。しかし、船が地中海に入ると、気候も良くなり、二人とも健康を回復し、そして四三日目、即ち一〇月一四日には搭乗していた伏見丸は、マルセイユについに入港したと推察される。

マルセイユでは、当時すでに地中海の海岸線とそれに沿って築かれた長大な防波堤から近代的な港湾が構成されており、日本郵船郵船刊行の『渡欧案内』の「寄港案内」の記述では、伏見丸などの日本郵船の船舶はその左端から進入し「バサン・ドゥ・ラ・ガール・マリティーム」(Bassin de la Gare Maritime:海上の駅の船溜《ふなだ》まり)の第八岸壁に接岸したとされている[106]。一九〇六年ドイツ刊行の大型百科事典[107]にマルセイユ市の詳細な地図が収録されており、その港湾部分に矢印をつけたように(巻頭収録の地図2)、伏見丸も入港してこの船溜まりに入ったとおもわれる。かくして、弘一は伏見丸でマルセイユに到着し、ヨーロッパでの第一歩をこの岸壁に印したということになる。

17 マルセイユからベルリンまでのルート

では、つぎにマルセイユに上陸後からベルリンに至る陸上の旅はどのようなものであったかについて、見なければならない。その点について、「ドイツ留学の憶い出」や「小林先生との深い因縁」のいずれにおいても言及されていない。だが、日本郵船が自社の船舶でヨーロッパに渡る客に、その当時配布した小冊子『歐洲大陸旅行日程《おうしゅうたいりくりょこうにってい》』[108]にその手がかりを見出すことができる。この貴重な史料に収録されている「歐洲大陸旅行案内《おうしゅうたいりくりょこうあんない》」にマルセイユからヨーロッパ主要都市までの旅行ルートが挙げられており、そこに「馬耳塞《マルセイユ》より伯林《ベルリン》へ（一千五十六哩《マイル》）」として、「馬耳塞より獨逸に行かうと考えらるゝ旅客は Lyons 及び Geneva を経て Bale に至り…此の Bale からは獨逸の各方面」[109]（「マルセイユよりドイツへ行こうと考えられる旅客はリヨンおよびジュネーヴを経てバーゼルに至り…、このバーゼルからドイツの各方面」）に行くことができ、「目的が伯林行なら最上旅程は Carlsruhe 經由であります。」[110]（「目的がベルリン行なら最上旅程はカールスルーエ経由であります。」）と記されている。

この『歐洲大陸旅行日程』の末尾に収録されている「英國及歐洲大陸交通略圖《えいこくおよびおうしゅうたいりくこうつうりゃくず》」（巻頭収録の地図3）を参照しても明白なように、このカールスルーエから北に線路が伸び、フランクフルト（Frankfurt）に至っている。実は、フランクフルト・ベルリン間の路線は、ドイツの鉄道の幹線中の幹線なのである。以上から、いえることは、当時においては、鉄道でマルセイユからベルリンに赴く場合、リヨン・ジュネーヴ・バーゼルを経由してドイツに入り、カールスルーエ・フランクフルトを経由して行くのが、きわめて一般的だったといえる。そして、こうした一般的なルートが『歐洲大陸旅行日程』で推奨されており、それらを踏まえて、弘一は海外旅券の申請の際に、ヨーロッパでの旅行地として「佛、瑞、獨」（フランス、スイス、ドイツ）を記載したのであろうと思われる。

18 トマス・クック社のサービス

すでに述べたように、「小林先生との深い因縁」において神戸からベルリンまでは四五日要したと記述されていることに立脚し、『公認　汽車汽船　旅行案内　大正十二年七月　第三四六号』での神戸・マルセイユ間に四三日要するということを信頼すれば、神戸から四三日目にマルセイユに到着するということになる。これに立脚して議論を進めるならば、マルセイユからリヨン・ジュネーヴ・バーゼル・フランクフルトを経由してベルリンに赴く場合、この二日と何時間かで具体的にどのような時刻の列車を乗り継いで行けば、それが可能かということである。『歐洲大陸旅行日程』に当時既に世界的に営業を展開していた旅行会社であるトマス・クック（Thomas Cook）社のサービスについての言及があり、「汽車賃、ホテルの室及び食事代を含んだクーポン（Coupon）がトマス、クック（Thos.Cook & Son）で買われます、歐州旅行には同社の世話になることが一番良い様であります。」とされている[11]。

そこから推測できるのは、弘一と小林錡のマルセイユからベルリンまでの鉄道旅行もトマス・クック社のサービスによるものの可能性があるということである。個人的に乗り継ぎ場所で次々と切符を購入するのは面倒でもあるし、当時の日本人はヨーロッパでの旅行の際にトマス・クック社をよく利用しているのが当時の史料から分るからである[112]。また、この『歐洲大陸旅行日程』には、附録として、マルセイユからヨーロッパ各地までの鉄道料金表が掲げられており、それによれば、マルセイユからベルリンまでは、一等車が九ポンド二シリング六ペンス、二等車が六ポンド四シリング六ペンスとなっており[113]、「ドイツ留学の憶い出」では伏見丸では「二等」であったとされているから、列車の場合もやはり二等車であった可能性が高いので、当時の為替レートからすると、約六八円一〇銭ほどであろうか。

19　トマス・クック社のヨーロッパ大陸鉄道時刻表

一八七三年以来、トマス・クック社はヨーロッパ大陸の鉄道の時刻表を刊行していたので、一九二三年刊行の同社の時刻表をひろく捜してみたが、海外諸国の種々のアーカイブズなどにもこれを見出すことはできなかった。だが、まったく意外かつ幸運なことには、同社が刊行した一九二三年一〇月版のヨーロッパ大陸の鉄道の時刻表が大阪府立中央図書館に所蔵されているのを見出すことができた。それが「クックの大陸時刻表並びに汽船案内」（*Cook's Continental Time Table And Steamship Guide*, Thos. Cook & Son, October 1923.）である。この時刻表に掲載されているマルセイユ発ジュネーヴ行、ジュネーヴ発バーゼル行、バーゼル発フランクフルト行、フランクフルト発ベルリン行の列車の中の急行を中心にしてリストアップして、作成した列車時刻表は次の通りである。

マルセイユ発	〇：〇〇	五：五〇	一二：一〇		
	←	←	←		
ジュネーヴ着	一二：〇〇	一七：五五	二三：三二		
ジュネーヴ発	〇：四七	六：五〇	一一：〇五	一三：二〇	一七：〇〇
	←	←	←	←	←
バーゼル着	六：二七	一三：四八	二一：一五	一九：一九	二二：五三
バーゼル発	一〇：四五	一九：三五			
	←	←			
フランクフルト着	二三：〇四	七：四〇			
フランクフルト発	七：〇二	一三：二〇	一三：三〇	二一：五三	二二：〇三
	←	←	←	←	←
ベルリン着	一七：二六	二二：五〇	六：三〇	八：〇〇	八：一〇

一九二四年にやはり伏見丸でマルセイユに着いた東洋史学者の内藤湖南《ないとうこなん》こと内藤虎次郎《ないとうとらじろう》（一八六六〜一九三四）は二時間足らずで通関手続きを終えて市内に入っている[114]。また、同年に日本郵船の白山丸で四月七日の早朝にマルセイユ港に着いた法哲学者恒藤恭《つねとうきょう》（一八八八〜一九六七）は午前九時頃に

「税関の検査」を受けて市内に入っている[115]。ここから、マルセイユの通関手続きは比較的短時間で済み、市内に入れたことが分る。この点をあえて問題とするのは、ここに挙げた列車時刻表の内、マルセイユ発ジュネーヴ行の三本の急行の内、結論的に言えば、四四日目の〇時〇〇分すなわち零時丁度発の列車や五時五〇分発の列車を利用すると四五日目にベルリンには到着できず、四三日目の午前中にマルセイユ港に着いて通関手続を終えて、一二時一〇分発の列車に乗った場合のみ、四五日目にベルリンに到着することができるからである。すなわち四三日目の一二時一〇分にマルセイユを発って二三時三二分にジュネーヴに到着し、翌四四日目〇時四七分にジュネーヴを発って六時二七分にバーゼルに到着する。ここからは二つの可能性があり、その一つは一〇時四五分にバーゼルを発って二三時〇四分にフランクフルトに到着し、四五日目七時〇二分にフランクフルトを発って一七時二六分にベルリンに到着する。もう一つは四四日目一九時三五分にバーゼルを発って四五日目七時四〇分にフランクフルトに到着し、この四五日目一三時二〇分にフランクフルトを発って二二時五〇分にベルリンに到着する。このいずれかであろうと思われる。

20　「おおいなる旅路」の終着

前述のトマス・クック社のこの時刻表によれば、当時ベルリンに乗り入れる殆どすべての長距離列車が到着することになっていたアンハルト（Anhalt）駅に、さきに述べた二本の列車も到着するとされている。巻頭収録の写真6「ベルリンのアンハルト駅」が、まさしく一九二三年当時の葉書[116]にあるこの駅の姿である。この絵葉書の裏の「ベルリン　二三年七月二三日午後一〇〜一一時」の消印と「一九二三年七月二三日」の通信文の日付からそれが分る非常に貴重な史料である。弘一はこのような姿の壮麗なアンハルト駅の中央出入口のポーチを潜って「おおいなる旅路」を終えたのである。事実上のベルリン中央駅であったアンハルト駅は、第二次世界大戦中に空爆で破壊され、冷戦時代にベルリンが東西に分割され、東西ベルリンにそれぞれ事実上の長距離発着駅が生じたので放置され、東西ドイツ統一してから新たなベルリン中央駅が建設されたので、壮麗なアンハルト駅舎は中央出入口のポーチが残存するに過ぎない[117]。

第Ⅱ部　ドイツ留学時代（一九二三〜一九二七）

はじめに

第Ⅱ部は、一九二三年一〇月から一九二七年二月までの足かけ五年におよんだ、世耕弘一のドイツ留学を取りあげる。この間の実情を伝える史料は、第Ⅰ部でも引用した、弘一自身の「ドイツ留学の憶い出」以外は、従来ほとんど知られておらず、また大下宇陀児《おおしたうだる》著『土性骨風雲録　教育と政治の天下人　世耕弘一伝』（鏡浦書房　一九六七年）のドイツ留学時代の部分も信頼性は確実とは言い難い面がある。そのために、弘一のドイツ留学の詳細は正確に知り得なかったのである。

だが、弘一の恩師である山岡万之助《やまおかまんのすけ》（一八七六〜一九六八）の子孫の方から学習院大学法学部に寄贈された山岡関係の約三、〇〇〇点の史料（同大学法学部・経済学部図書センターで「山岡万之助関係文書」として整理・保管されている）を調査した結果、ベルリンから山岡宛に出された弘一の四通の非常に重要な書簡を発見し、その解読に成功した。その四通とは、以下のようなものである。

① 一九二三年一一月二日付書簡（「山岡万之助関係文書」での整理番号H一七二）
② 同年一一月一九日付書簡（「山岡万之助関係文書」での整理番号H一七三）
③ 一九二四年一〇月一〇日付書簡（「山岡万之助関係文書」での整理番号H一七四）
④ 同年一〇月一一日付書簡（「山岡万之助関係文書」での整理番号H一七五）

この第Ⅱ部では、それら四通の書簡の内容を、当時のベルリンの旅行案内書、外務省外交史料館所蔵の一次史料、この時代の他の日本人留学生の書簡や日記、当時のドイツの政治・経済の一般的状況を摺り合せ、従来殆ど未解明であった弘一のドイツ留学の様子を実証的に考察し、ベルリンでの留学が彼に及ぼした影響の大きさを解明している。

1　一九二三年一一月二日付書簡

封筒の表側には、ドイツ語と日本語で宛名・住所が次のように書かれている。

Herrn M.Yamaoka
Tokiyo, Japan

大日本東京市牛込区
富久町
山岡萬之助
先生

封筒の裏側には、発信日、ドイツ語と日本語で発信人としての弘一の名前などが次のように書かれている。ここの旧漢字にルビをつけて、分りやすくした。

K.Sekoh
Japanische Botschaft
Berlin, Deutschland

在《ざい》獨《ド》逸《イツ》伯林《ベルリン》
日本大使館気付
世耕弘一拝
十一月二日

それから、書簡は便箋の表側を(1)とし、裏側を(2)として、この両面に通信文が以下のように記されている。この書簡では候文が流麗な草書で書かれている。ここでは、それを分りやすい現代文に直している。読みやすくするために、句読点を適宜付した。改行は原則的には原文のままにしている。

(1)

先生へ　十一月二日　ベルリン在　弘一拝

謹啓　先生にご健康大切に願い申し上げます。これは門下生一同、同様にて願うことです。母校の震火の報に、上海に着港の時、接しましたので、このまま留学を中止して下船して先生のお膝元に駆けつけて何かのご用を勤めるべきかまたは留学すべきかと色々と煩悶《はんもん》いたしました。しかし、色々と思案の末、母校の災難に心引かれつつも、留学の目的を達することに決心し、断固として出発してドイツに入国しました。なにとぞ、この点心中をお察しの上、格別にお心ひろく、お許し下さいますように、お願いします。

ドイツ入国後、新聞には私立大学は再建見込なく、連立の私立大学建立のことがあるとか色々悲観的の記事が掲載されていました。しかしわが日本大学には先生がおいである以上は天幕張りにても開校あるに違いないと心ひそかに期待していました。しかしながら東京の震火は意外に大きかったので、このことすら心配しておりましたところ、折しも日本人クラブにおいて突然日本大学が小石川および九段において開校するとの朝日新聞の記事を拝見し、実際あの時くらい嬉しかったことはなく、人前もはばからず思わず母校万歳、先生万歳を唱えました。

母校の隆盛、先生のご健勝この上ともに祈り申し上げます。

当ドイツの国情は日々に変化し、マルクは私がドイツに入国した当時の十月十七日には、一ポンドに対して四（一ミリヤードは十億マルク）十ミリヤードだったのにその後急落に急落を重ねて一ポンドに対して今日朝には四千ミリヤードとなり、今日の夕方にはまた八千ミリヤードとなりました。わずかに半月間にこの変動があり万事またこのような有様です（数の計算で八千ミリヤーデ（ド）を八ビリヨンといいます）。

現在の連立内閣もまた倒れて、近日中に新しい内閣が組織される由、伝え聞きました。

連立内閣の場合もこのような有様で今後の内閣はどのような勢力に依るのだろうかと噂されています。

物価は目下のところ、私が東京に居た時の日本の物価と大差ないまでに

(2) 一般的に平均しております。

食料品の不売が時々行われ、一般的な革命の主張がさかんに伝え聞かれますが、一般の、つまり全体的の革命はあり得ないでしょう。もし、あるとすれば、革命前の各州の分立独立後のことを想像します。目下の状態からは各州それぞれの獨立運動の成功は可能と思います。しかし、本年末の全体的革命を心配して、日本人およびその他の外国人は日々多数ドイツを出国しています。私のドイツ滞在の目的は現在の混乱状態の政治の実際と経済状態を見ることで、留学の大半の用件と心得ております。私の首を取りに来るまでドイツに滞在し、革命があれば革命の事情や手段を自分で実見する考えであります。

いづれにしてもドイツ語の速成の必要があり、目下教師に付いて復習しています。革命までには間に合すべく夜も日もなく努力しています。

色々と調査しておりますが、まだお知らせするまでになっておらず、後日お知らせ申し上げます。

先生の御健康を祈りつつ筆を止めます。　匆々頓首《そうそうとんしゅ》

2　一九二三年一一月二日付書簡の意義

この書簡の通信文の要点を、箇条書きにしてみると、次のようになる。

（一）弘一は上海着港の折に、関東大震災《かんとうだいしんさい》で日本大学も焼失したことを知り、帰国すべきか留学すべきか、大いに迷ったが、断固として留学することに決したこと

（二）日本大学の再建について心配していたが、ドイツに入国後に、日本人クラブで日本大学再建についての記事を朝日新聞で読み、大感激したこと

（三）この当時のドイツの経済事情については、特にハイパー・インフレーションについて、詳しく触れられ、ドイツに入国した頃の一〇月一七日の為替レートは一ポンド四〇〇億マルク、一一月二日朝には一ポンド四兆マルク、同日夕方には一ポンド八兆という急激なものであること

（四）この当時のドイツの政治情勢について触れられ、この時期の連立内閣の倒壊不可避で次期内閣の政党基盤が取り沙汰《ざた》されており、全体的革命は不可能であるものの各州における独立運動は成功する可能性があること

（五）ドイツの危機的な経済や革命的な政治の状況を見るのが、留学の目的であるので、命を落とすまでそれを考察するつもりであり、その考察ためにドイツ語の速成が必要なので、日夜そ

れに励んでいること

ここであらかじめ注意を要することは、封筒の裏側や書簡の冒頭に「十一月二日」と月日は記されているが、年は記されておらず、しかも封筒の表側に貼付されていたはずの切手が、先に述べたように、欠落していて、消印が確認できない。したがって、この書簡が記された年や投函された年は直接知ることができない。だが、上記の(一)・(三)から一九二三年のことと確定できる。したがって、この書簡が記されたのは一九二三年一一月二日であると確定できるのであり、投函日も同日かその直後であろう。

また、この書簡や他の三通の書簡も、封筒に記されている弘一のアドレスはドイツ・ベルリンの日本大使館気付となっている。山岡からの返信などが来た場合、日本大使館気付にした方が安全で確実であるという判断が働いたのではないかと思われる。事実、日本大使館の別館の事務所(アーホルン(Ahorn)通り一番)には、ベルリン在住の日本人に宛に届いた書簡が置かれており、自分宛の書簡を当地の日本人は捜しに来ていたようであり、ドイツ留学中の哲学者和辻哲郎(一八八九〜一九六〇)の書簡にもそれは触れられている[1]。

先ず(二)についてであるが、東洋史学者内藤湖南(一八六六〜一九三四)が搭乗した、マルセイユに向かう伏見丸は、一九二四年七月六日に神戸を発って、同月十日に上海に入港している[2]。これを勘案すれば、弘一が乗った伏見丸は一九二三年九月二日に神戸港を出港しているので、同月六日に上海に着港したと言えよう。したがって、弘一が上海で関東大震災による日本大学焼失の詳報に接し、行こうか戻ろうかと同地で考えて悩んだのは、同年九月六日ということになろう。

次に(二)についてであるが、弘一のドイツ留学の時期よりやや後の史料であるが、一九三六年にベルリンで日本人向けに刊行された『獨逸案内《ドイツあんない》』によれば、「獨逸日本人會《ドイツにほんじんかい》」(Japanischer Verein in Deutschland)はベルリン在住の日本人から構成され、官庁・会社・銀行・商店などの団体に属する人々を団体会員とし[3]、留学生、旅行者を普通会員とするもので、日本人相互の親睦を図り、常に有益な見学など催しており、日本の新聞、雑誌、碁、将棋、麻雀、玉突きなど備え、日本食堂も設けていた[4]。ベルリンを訪れた日本人はここを「日本人倶楽部《にほんじんくらぶ》」と呼んで、よく利用していた[5]。一九三一年にベルリン駐在日本大使小幡酉吉《おばたゆうきち》が外務大臣幣原喜重郎《しではらきじゅうろう》(一八七二～一九五一)に提出した報告書にドイツ在留の日本人が組織した五団体が列挙されており、その中の一つであるこの「獨逸日本人會」は、一九二三年に創立され、場所はビュロー(Bülow)通り二番となっている[6]。ベルリンの南西部は、この当時、日本人の多く住む地域であり、「獨逸日本人會」もその地域にあり、後に詳しく触れるように弘一の下宿のヴィルデ(Wilde)家のあるヒンデンブルク(Hindenburg)通りもその地域にあることから、弘一は研究の合間にこの「日本人倶楽部」を訪れ、そこに備え付けられた日本の新聞を読んで、日本の様子を知ろうとしていたと思われる。この書簡で言及されている朝日新聞掲載の記事が、具体的に何時刊行されたものに掲載されたのかは、現在のところ分からない。

さらに(五)についてであるが、弘一のドイツ語研究については、「ドイツ留学の憶い出」において、関連する陳述が見られる。すなわち、弘一は恩師のプリル(Emil Prill 1867~1940)教授宅に頻繁に出入りして、同教授からの教えから多くを学び、「ドイツをよく見てゆくことと、ドイツ語をしっかりやっておくことが一番大切だ。ドイツという国とドイツ語をしっかり覚えてゆけば、日本へ帰ってから何年経ってもドイツの本が読めるだろう。」というドイツ「留学の秘訣」をこの教授から授かり、留学中は忠実にそれを実行して、大学に行く以外は「主として本を読むことを中心にして」勉強したようである[7]。「プリルー教授からいわれた、基礎をしっかりやれという考え基づいて」[8]、弘一は最終的にはドイツ語の研究に集中したのであり、それは留学を終えて帰国した年、すなわち昭和二(一九二七)年の一二月二〇日に刊行された『Deutsche Sprach-und Stillehre 獨《ど》逸《いつ》語《ご》並《ならび》に文體論《ぶんたいろん》』という労作として結晶したのである[9]が、この点は後に改めてくわしく触れることにする。

この節でまとめた五点の内で、(三)のハイパー・インフレーションと(四)の政治情勢は錯綜した問題であるので、節を改め、次節でこの当時のドイツの経済情勢に触れ、次々節でこの当時のドイツの政治情勢に触れることにしよう。

3　この当時のドイツの経済情勢

ヴェルサイユ条約に規定されているドイツの賠償金支払いについて、一九二一年三月から四月にかけて開催されたロンドン会議で一、三二〇金億マルクと決定された[10]。そして、一九二三年一月にパリで連合国首相会議が開催され、同年以降ドイツが履行すべき賠償金の支払い方法について協議されたが、賠償金取り立てに強硬なフランス側と穏健なイギリス側とが厳しく対立し、この会議は不調に終わった[11]。フランス側は、ドイツ側からの賠償として供給される石炭などの不足を理由にして、同月一一日にベルギーとともにルール地方の軍事占領を強行した[12]。両国軍はドイツ産業の中心部たるルール地方の工業設備を占領し、石炭その他の供出を命じ、租税や公共機関の金庫なども差し押さえた[13]。これに対してドイツのクーノ（Cuno）内閣は、同月一三日にルール地方の住民にいわゆる「消極的抵抗」を命じた[14]。占領軍に対するゼネ・ストを意味する、この政策によってドイツの経済は深甚な影響を蒙り、紙幣が乱発に乱発を重ねられ、ハイパー・インフレーションが急激に進行した[15]。一ドルに対するマルクの為替レートは第一次世界大戦前の一九一四年七月には四・二マルク、大戦後の一九二〇年一月には四一・九八マルクであったのに、一九二三年一月三一日には四九、〇〇〇マルク、同年一〇月一一日には五〇億六、〇〇〇万マルク、そして同年一一月三日には四、二〇〇億マルクとなった[16]。同年八月十三日に成立したシュトレーゼマン（Stresemann）内閣は、九月二六日に「消極的抵抗」の打ち切りを敢行し、一一月一五日に不動産や商工業資産を基礎とする紙幣レンテンマルク（Rentenmark）を発行し、一兆マルクを一レンテンマルクと交換した[17]。かくしてハイパー・インフレーションがまことに奇跡的に収束に向かい、翌一九二四年はじめに金本位によるライヒスマルク（Reichsmark）が導入された[18]。

したがって、弘一がベルリンに到着した一九二三年一〇月は、前述の対ドル為替レートからも明白なように、ハイパー・インフレーションが急激に進行していた時であり、この書簡が出された同年十一月初めにはそれが猛威を振るっていた時期だったのである。言いかえれば、弘一はこのハイパー・インフレーションの究極状態を目撃した日本人の一人だったのである。「ドイツ留学の憶い出」によれば、弘一が下宿したのは「ベルリンのウイルマスドルフという街のヒンデンブルグの名前のついた八十何番地かで、ハンス・ウイルデという二階建の家」であり、ヴィルデ（Wilde）家は「昔は軍隊へ服などを納入する御用商人であった」が、「紹介されて私が下宿したときは、その家が一番困っていたときのよう」で、「水道や電気の料金も満足に払えない状態」で、そして、ヴィルデ夫人は、事ある毎に、下宿人を置くよう状況なったのを嘆き悲しんでいた[19]。ハイパー・インフレーションは、ドイツにおける都市の中産階層の貯蓄などの資産をゼロに等しいものにして、特にこの階層に大打撃を与え[20]、弘一の下宿先のヴィルデ家の夫人が悲嘆に暮れたのはこうした経済的背景があった訳である。弘一はこのハイパー・インフレーションの猛威がレンテンマルクの発行によって劇的に克服される過程を目撃されて、政府の経済政策の重要性を深く認識したことが推測される。

弘一が「ドイツ留学の憶い出」で触れているベルリンの下宿のアドレスを手掛りにして、ベルリン中央州立図書館（Zentral-und Landesbibliothek Berlin）所蔵の貴重な史料『ベルリン住所録　一九二三年』（Berliner Adreßbuch 1923）[21]を精査したところ、ヴィルマースドルフ（Wilmersdorf）区ヒンデンブルク（Hindenburg）通り八十二番に、Kfm.、即ちKaufmann（商人）のWildeなる人物を見出すことができた。したがって、弘一の下宿先は、ベルリン市ヴィルマースドルフ区ヒンデンブルク通り八十二番のヴィルデ宅ということであろうと思われる。

4　この当時のドイツの政治情勢

弘一がこの書簡で触れている当時のドイツにおける政治情勢については、やや立ち入って見ておく必要がある。一九一九年に成立して一九三三年まで存続したドイツ共和国は、この国のヴァイマル憲法（一九一九年八月公布）にちなんで、通常ヴァイマル共和国と呼ばれる。ヴァイマル共和国時代を通じ左派・中道派・右派の多くの諸政党が存在したが、単独過半数を占めた政党はなく、多くの場合は社会民主党・民主党・中央党といった諸政党が中心となって連立内閣を形成した。「消極的抵抗」政策を打ち出したクーノ内閣を支えたのも中央党・民主党と人民党およびバイエルン人民党であった[22]。本来的に右派であった国家人民党の中心人物であったシュトレーゼマン（Gustav Stresemann 1878-1929）は、しだいに民主的な思想に傾き、共和国を支持するようになった[23]。「消極的抵抗」政策が生き詰まり、クーノ内閣が倒壊した後、国家人民党が社会民主党・民主党・中央党と連合して、一九二三年八月一三日にシュトレーゼマン内閣の成立となるのである[24]。この連立内閣の時代に弘一はベルリンに到着したのであり、この書簡で触れられている、近い内に倒れそうな「現在の内閣」とは、このシュトレーゼマン内閣を指しているのである。そして、この内閣は事実同年一一月二三日に倒壊し[25]、中央党を中心にした民主党・国家人民党・バイエルン人民党の連合によって、マルクス（Marx）内閣が同月三〇日に成立するのであり[26]、それがこの書簡にある「今後の内閣」ということになる。

一九二三年一一月二日の時点で「現在の連立内閣もまた倒れて、近日中に新しい内閣が組織される由、伝え聞きました。」と述べられていることに、大いに注目しなければならない。というのも、次に述べるような経緯で、まさにこの日に「現在の連立内閣」、即ちシュトレーゼマン内閣から連立を組んでいた社会民主党の三人の大臣が辞職して閣外に去り[27]、倒閣の危機が生じたからである。シュトレーゼマン内閣がフランス側の圧力に屈するような形で「消極的抵抗」政策を破棄したことに、ドイツ諸州の左右両派の勢力が猛反発したこともある。

南ドイツのバイエルンは有力な州で、しかも独自性の強い存在であった。この当時の同州では右翼的政権が樹立されており、そうした状況下で多数生まれた過激な右翼団体は他州とは異なり抑制されず、共和国政府もそれに手を打てなかった[28]。そうした右翼団体の一つである「国家社会主義ドイツ労働者党」（通称はナチ党）がヒトラーの元で党勢を伸ばしていた。他方、同年、中部ドイツのザクセン・テューリンゲン両州では社会民主党政権が成立していたが、そのいずれにも共産党員が入閣することになり、コミンテルン（一九一九年にレーニンによって設立）がこの両州で共産革命を起そうという動きを示した。一〇月にシュトレーゼマン内閣は、両州におけるこのような動きには断固たる態度で臨み、それらを鎮圧した[29]。社会民主党は、この両州のみに厳しい対処をしたシュトレーゼマン内閣に不満を持ち、連立政権から離脱したのである[30]。同月にはフランスの策動によるラインラント地方独立の動きもあったが、これも鎮圧されたし[31]、ハンブルク市では共産党の武装蜂起も起こった[32]。

シュトレーゼマン内閣による「消極的抵抗」政策の破棄に対する右翼勢力の反発も極限に達し、一九二三年一一月八日にヒトラーがミュンヘンで臨時政府樹立を宣言し、翌九日に武装デモを敢行した（「ミュンヘン一揆」）[33]が、警官隊に鎮圧されて、ヒトラーは逮捕・収監された[34]。この書簡における「革命」についての言及は、上に具体的に述べたような、諸州における左右両派の革命運動や分離の動きに関するものと言うべきであろう。シュトレーゼマン内閣はこのようにして国内政治の分裂を回避し、一一月一五日のレンテンマルク（Rentenmark）導入により国内経済の再建の道を拓いた。

だが、先述のように、同内閣は社会民主党の支持が失われたので、この書簡で「現在の連立内閣もまた倒れ」ると予見されているように、一一月二三日に倒閣したのである。

弘一はこのような議会制民主主義政治の冷厳な側面も観察したであろうし、穏健な自由主義の政治家としての弘一のその後の活動に考えるならば、遠雷のごとく不気味に轟《とどろ》くヒトラーのファシズムの動きにも危惧をもって考察していたと推察される点は非常に意義深い。

5　ベルリンでの留学生活―一九二三年一一月一九日付書簡―

先に述べたように、「ドイツ留学の憶い出」によれば、弘一のベルリンでの下宿はヒンデンブルク (Hindenburg) 通りのヴィルデ (Wilde) 家であった。この名称の通りは現在では存在しない。外務省外交史料館所蔵史料「大正十三年海外在留邦人職業別人口調査一件　第二十七　在欧州各館」の一九二四年六月現在「獨逸在留帝国臣民職業別表」[35]の複雑な統計数字を簡潔に整理すると、その当時、ドイツ国内に在住する日本人合計は一一七五人（男性一〇八九人・女性八六人）で、その内のベルリンに在住するのは九七七人（男性九三四人・女性四三人）で、その中で「教育関係者」は三七七人（男性三七六人・女性一人）となっているので、この三七六人の一人が弘一ということになろう。その大部分はベルリン西南部地域に居住していた。私が所蔵する、一九二三年刊行のベルリン案内書であるカール・ベーデッカー著『ベルリンとその周辺』（Karl Baedeker, *Berlin and its Environs*, Leipzig 1923.）に収録されているベルリン詳細地図でヒンデンブルク通りを、ベルリン西南部に見出すことができた（巻頭収録の地図4）。そこからはベルリン大学のある、同市中央部のウンター・デン・リンデン（Unter den Linden）通りまでは、やや距離はあるものの、交通の便は良かったと思われる。

現在のところ、弘一のベルリンの大学での研究の様子を具体的に示す史料はまだ発見されていないので、その詳細な様子はここでは述べることができず、今後の史料探索に待つしかない。

第一部においてすでに述べたように、弘一は「日本大学留学生」としてドイツに派遣されたわけであるが、その留学発令に関する日本大学側の書類は見いだせないので、どのような条件で派遣されたのかは、知ることができなかった。だが、弘一のドイツ留学について、日本大学が「大正十五年一月十九日」付で作成した文書[36]を見出すことができた。それによれば、「世耕弘一　明治二十六年三月三十日生」の「学修セル学校」はドイツのベルリン大学、「留学ヲ命セラレタル専攻科目」は「経済学」となっている。

また、一九二七年三月一日発行された『日本法政新誌』[37]に掲載されている日本大学関係者の消息を伝える記事（「櫻門記事」）の中に、「二留学生の帰朝」があり、その後半部分では、以下のように記されている（旧漢字などは、分りやすい文字に転換した）。ここに出てくる小林学監とは、弘一とともにドイツに渡った小林錡《かなえ》のことである。

小林学監は渡欧後ただちにベルリン大学に本科生として入学を許可され主に刑法、法理学および政治学を研究し世耕氏は同じくベルリン大学の研究室において政治学および経済学を専攻したものである。

弘一は日本大学からベルリン大学において修学を命じられたのは、前述のように経済学であったが、それだけではなくて政治学にも手を広げていたことが、ここから分る。

さて、弘一のベルリン発信の一九二三年一一月一九日付書簡には年は記されておらず、一一月一九日夜としかのみ記されていないが、封筒に添付された切手に押された消印が部分的に判読でき、「…一一　二三…」とあるので、一九二三年の一一月一九日に記されたと確定できる。投函場所は、ベルリン西南部のヴィルマースドルフ（Wilmersdorf）区であることが、この消印から分る。このヴィルマースドルフ区も第二次世界大戦中の空襲の被害が少なくなかったようで、弘一の下宿のあった旧ヒンデンブルク通りも様子が変わり、現在では二つに分割されて、名称はヴァレンベルク（Wallenberg）通りとアム・フォルクスパーク（Am Volkspark）に改められているようである。この書簡の封筒の表には、「アメリカ経由」（Via America）とことさらに記されている。この時代の海運事情を詳しく調べてみると、ヨーロッパからスエズ経由の便よりも大西洋・アメリカ・太平洋経由の便が日数は少なくて済むことが分り、それを踏まえて「アメリカ経由」と指定したのであろう。弘一のベルリン発信の一九二三年一一月一九日付書簡の通信文の現代文に直すと、大体、以下のようになる。

山岡先生　　在ドイツ　弘一拝
謹啓　何かと近ごろは格別にご用事が多く、ご心労もさだめしおありのことと拝察いたします。つとめてご自愛のほど、お祈りいたします。讀賣新聞の記事を見て嬉しかったので、同封致しました。ご一覧頂きたく存じます。　　　　匆々《そうそう》不一
十一月十九日夜

そして、この書簡には、当時司法省行刑局長であった山岡が関東大震災の際に監獄からの囚人の破獄を防止したという、讀賣新聞の記事が切り抜いて同封されている。震災直後の讀賣新聞を通読した結果、大正一二（一九二三）年九月一四日付の同紙掲載記事であることが確認できた。この切り抜き記事も「日本人倶楽部」で閲覧した新聞から、許可を得て切り抜いたものであろう。愛校心の

強い弘一は、ベルリンでも研究の合間に「日本人倶楽部」を訪れて、そこに備え付けられた日本の新聞から、震災後の母校やその関係者の様子を探ろうとしていたのであろう。さきに見たように、そこは弘一の下宿のあるヒンデンブルク通りと同様にベルリン西南部にあり、行きやすかったであろう。

6 ベルリンでの留学生活—一九二四年一〇月の二通の書簡—

一九二四年一〇月一〇日付書簡は、切手に押された消印が明瞭で、一九二四年一〇月一〇日午前七〜午前八時の間にベルリンのヴィルマースドルフ区で投函されたことがよく分る。以下に掲げる現代文に直した通信文の内容から留学費送金の依頼である。投函日が弘一のベルリン到着からほぼ一年後であることに注目する必要がある。

この書簡の封筒の表側には、ドイツ語と日本語で宛名・住所が以下のように書かれており、「ロシア経由」(Via Russland)の「航空便」(Luftpost)とされていることから、差し迫った用件の書簡であることがよく分る。

Luftpost　Via Russland

Herrn M.Yamaoka
Tokiyo
Japan
日本東京神田
日本大學
山岡萬之助先生

封筒の裏側には、発信日、ドイツ語と日本語で発信人としての弘一の名前などが次のように書かれている。ここもドイツ語でドイツ・ベルリン在の日本大使館気付けと記されている。漢字に適宜ルビを付した。

K.Sekoh,
b/Japanische Botoschaft
in Berlin Deutschland

十月十日出　伯林《ベルリン》
世耕弘一拝

それから、通信文は三枚の便箋（二枚目に2の番号が、三枚目は3の番号が付されている）、黒色のインクで候文が流麗な草書で書かれている。ベルリンでの研究を継続するために、弘一は非常に熱情のこもった文章を記している。この通信文も分りやすい現代文に直した。改行は原文のままである。読みやすくするために、句読点を適宜付した。

山岡先生
謹啓　先生のご健康を願っております。
さて突然ことでかさねがさね非常に恐縮に
存じますが、左記の件に付き懇願
いたします。
実は昨年の地震の影響
で確定的な学費の出所を

失い色々と苦心して方法をこうじて
今日まで切りぬけました。
深川の材木店の方へもその後交
渉の結果、本月初めに送金
するように決定し、その予定であり
ましたが、突然本日電報にて
本年内の送金は不可能の旨

2　打電に接しました。実は予定
にしていたのが変わってしまった事と
て、実際非常に困却いたしております。
ついては、来年春になれば親の
家より送金の手はずに
なっていますが、それまでの間約三ケ
月の学費が中絶するようになり、そこで、
大変恥ずかしいことに想います
が、お金を（中略）特別にお貸しくださるようお取り計らい頂きたく、これを切にお願い申し上げます。何といっても急迫の場合で即応の方法を講じるのが困難なので、懇願する次第です。

3　どうか事情をご推察頂きまして、格別のお取り計らいを聞き届け頂きたく、これをうやうやしくお願い致します。

なお非常に勝手なように存じますが、ご送金お取り計らい頂ける場合は、電報為替にてお願できれば、非常に幸いに存じます。

以上、右お願い申し上げます。

十月十日　　匆々頓首《そうそうとんしゅ》

ベルリンにて

世耕弘一

便箋の一枚目の六行目から二枚目の三行目に、関東大震災以来確実な学費の出所がなくなり、一九二四年一〇月まで色々な方法で切り抜けてきたこと、東京の深川の材木店と交渉してこの月に送金を受ける約束であったのに、この月九日に金を送れぬという電報が来て困惑しているのがこの書簡を出した理由であることが、記されており、注目に値する。一九二五年春に実家から送金の予定であるが、それまでの学費を送金して欲しいというのが、この書簡の主要点である。三枚目の七行目から八行目にかけてで、送金は「電報為替」してほしいという希望が述べられていることは、この書簡が「航空便」で出されていることも勘案すれば、差し迫った様子であることをよく表している。

さきに触れたように、弘一のドイツ留学について、日本大学が「大正十五年一月十九日」付で作成した文書[38]によれば、「日本大學ヨリノ給費額」は二、七〇〇円で帰国旅費給与の見込み、となっている点が、ここでもっとも注目に値する。というのも、弘一は「ドイツ留学の憶い出」において日本大学からの留学費用給費については、関東大震災で「日本大学も壊滅して復興に全力をつくすことになったので、日本大学からの留学費は一年分ぐらいしか頂けなかった。」[39]と述べているからである。そして、その後は、「じぶんの金」でやりくりし、さらに「紀州の徳川家から借りた金」で、またさらに「紀州の先輩で政治家の岡崎邦輔《おかざきくにすけ》さんから借りた金」でまかなったとされている。右記の二、七〇〇円は、恐らく日本からドイツまでの渡航費を含んでいると思われるから、この中の二、〇〇〇円ほどが「一年分ぐらい」の実質的な留学費ということになるのかもしれない。

弘一のベルリン留学は、すでに述べたように、一九二三年一〇月半ばから一九二七年二月のある時期までであり、足かけ五年、実質三年と三か月ほどである。この書簡が投函されたのは、右記のように一九二四年一〇月一〇日であるので、ベルリン到着後ほぼ一年にあたる時期である。この書簡によれば、日本大学からの給付された留学費は「一年分ぐらい」に過ぎず、それもこの時期までにすでに足らなくなっており、「じぶんの金」で苦心して切り抜けていることが、伺える。

この書簡が出された翌日、つまり一九二四年一〇月一一日に、この③の書簡とほとんど同じ文言が記された「日本東京神田　日本大學　山岡萬之助先生」宛の④の書簡が、「アメリカ経由」(Via America) で発信されている。ほぼ同じ文面の書簡を別のルートで出した理由は、④の書簡の末尾の追伸に書かれていた。これも分りやすい現代文に直すと、以下の通りである。改行は原文のままである。読みやすくするために、句読点を適宜付した。

昨日夕方にモスコーまでの飛行郵便
にて、この書簡同様の文意で懇願
いたしております。私は初めてのことなので、完全に本当に着くか不安のなかで、重ねて汽車便でこの手紙を発信いたしました。順調にいけば、飛行便は七日ぐらいは早いだろうと存じます。

一九二四年一〇月一〇日付書簡をモスクワまでの飛行便で出したが、初めて航空便を利用するので不安に思い、「汽車便」で再度同じ内容の書簡を差し出したというもので、山岡への送金願いがいかに真摯なものであるか、同時に、弘一の処置がいかに周到であるかが、よく分る。

結局、このような向学心あふれる一九二四年一〇月一〇日付書簡および同年一〇月一一日付書簡はいずれも無事に山岡のもとに着き、それらは山岡を動かし、弘一の実兄の世耕良一を通じて「紀州の徳川家」および「紀州の先輩で政治家の岡崎邦輔さん」[40]から融資を受けることにつながったのであろうと推測される。

7　ヴァイマル共和国の相対的安定期

ハイパー・インフレーションが終息した時期から世界大恐慌によってドイツの経済が大打撃を受

けるまでを、ヴァイマル共和国の相対的安定期（一九二四〜一九二八年）という。したがって、弘一がベルリンでの留学した期間の大部分は、この時期に属している。

すでに触れたように、一九二三年一一月にシュトレーゼマン内閣によって発行されたレンテンマルクによって、ハイパー・インフレーションは進行が食い止められ、翌二四年一月に次期内閣によって金本位制度に立脚したライヒスマルクが発行され、ドイツの通貨は安定していった。

一九二三年一一月に首相の座を降りたシュトレーゼマンは、一九二九年に死去するまで、歴代の内閣で外務大臣を務め、国際協調の外交政策を進めて、「ドーズ案」の成立・ロカルノ条約締結・ドイツの国際連盟加入を実現して、ドイツの国際的安定を進めた。

ドイツを非常に重く圧迫していた賠償金支払いの問題の解決のために、ドイツの賠償支払い計画である「ドーズ案」（年次支払額二五億マルクとし、当面の四年間は特別に支払額を小さくする）が、一九二四年八月のロンドン会議で認められた。以後、特にアメリカの資本が流入して、ドイツの経済が再建されていく。その後、賠償金支払いに関しては一九二八年後半から最終解決策が模索され、翌年に「ヤング案」（三七年間で年次支払額二〇億六、〇〇〇マルク、その後の二一年間は平均支払額一七億マルク）が成立し、一九三〇年のハーグ会議で正式に承認された[41]。

一九二五年一〇月にはヨーロッパの集団安全保障条約ともいうべきロカルノ条約（国境の現状維持と相互不可侵を骨子とする）が、ドイツを含めたヨーロッパ七国によって、締結された。同年にはフランスがルール地方から撤兵することになった。

翌一九二六年に、このロカルノ条約を踏まえて、ドイツの国際連盟加入が認められ、ドイツの国際社会復帰が実現されたのである。このころになると、ドイツの経済的復興は顕著で、工業生産は、一九二七年から一九二八年にかけて、第一次世界大戦前の水準に回復するのである[42]。ちなみに、シュトレーゼマンは、一九二六年にはフランス外相ブリアン（Aristide Briand 1862~1932）とともに、ロカルノ条約締結に貢献したとして、ノーベル平和賞を授けられている[43]。

ドイツ国内では、議会政治はあいかわらず不安定ではあったが、シュトレーゼマンの国際協調政策を背景にして、経済は堅調となったように見られた。それはアメリカ資本の流入によって支えられた面が強かった。そのために、一九二九年にアメリカで起こった大恐慌によって、ドイツ経済はふたたび破綻を見せていくのである。

8　ドイツ語研究の成果と帰国

ハイパー・インフレーションのただ中でベルリンに到着した弘一が、ヴァイマル共和国の相対的安定期のただ中で三年余りの留学を終えようとする時に、その成果が実ろうとしていた。というのは、帰国した年の一九二七（昭和二）年一二月に弘一によって刊行された『Deutsche Sprach-und Stillehre

獨逸語並に文體論』の原稿を完成させていたからである。その『Deutsche Sprach-und Stillehre 獨逸語並に文體論』の「はしがき」[44]において、帰国直前のことが、以下のように述べられている(理解しやすいように現用文字に改めたところもある)。

この文法書はドイツの有名な語学者ワイセ教授の著書によって書いたものである。
そしてこの本は一ツは教科書とし一ツはドイツ語学の研究の一助たらしめんとしたのである。
一九二七年の春
独逸ベルリン、ヒンデンブルヒ街の
仮の宿にて　しるす

この書をあむにあたつて特にフロイライン・ドクター・プリル、ヘヤー・ボードー・ウイルケ、フラウ・クララ・ウイルデ氏その他各方面の熱心な援助あつたことを感謝してやまぬ。

ここに列挙されている人物名の中の「フロイライン・ドクター・プリル」とは「未婚の女性プリル博士」という意味であるから、「ドイツ留学の憶い出」で触れられている、恩師の「プリルー教授」の「ベルリン大学へ入って後にドクターの学位をとった」二人の「娘さん達」[45]の一人であろう。また、「フラウ・クララ・ウイルデ氏」とは「既婚女性のクララ・ウイルデさん」という意味なので、「ドイツ留学の憶い出」で触れられている、「フランス語も英語も話せる相当のインテリだった」ヴィルデ家の「奥さん」[46]であろうと推測される。弘一は、ドイツ留学中に、このような人たちと良い人間関係を結びつつ生活して、研究を進めていたことが、よく分る。そして、「ドイツ留学の憶い出」によれば、弘一は帰国後もドイツ語の研究を進めていく上でぜひ必要な「ドイツの古い珍しい本を少し買ったりしたので、帰りの旅費が足らなくなった」[47]のである。日本大学からは帰国の旅費は送られてこなかったのであろうか、『土性骨風雲録』によれば実兄の世耕良一が工面して帰国旅費を送ってくれたのであり[48]、その金からドイツ語の高価な原書を購入したということなのであろう。「ドイツ留学の憶い出」では、下宿のヴィルデ家の夫人が「アパートの権利」を担保にして金を借りて、弘一に貸してくれ[49]、弘一は「その金で、シベリヤ鉄道経由で七百円ばかりの日本までの通し切符を買い帰国した[50]と記されている。弘一は「日本に帰ってすぐにその金を倍にして送金をして返済した」のであり、「その温情」を終生忘れなかった[51]という。

『Deutsche Sprach-und Stillehre　獨逸語並に文體論』の「はしがき」を記したのは「一九二七年の春」としているが、ここで言う「春」は、立春（二月四日）から立夏（五月六日）までの期間を意味していると思われる。弘一は「ドイツ留学の憶い出」において「日本に帰ったのは昭和二年二月、行くときは船であったが、帰りはシベリヤ鉄道でロシヤを通って帰って来た。」[52]と陳述している。画家の八木熊次郎（一八八六～一九六九）の日記によれば、かれは一九二七年二月一七日にベルリンを発ってシベリア鉄道を利用して日本に向い、三月三日に下関に着いている[53]。つまり、この時点でシベリア鉄道を利用した場合、ベルリンから日本まで一五日ほどかかっている。したがって、シベリア鉄道を利用して二月中に帰国するには、遅くともベルリンを同月一四日までに発たねばならない。以上から、『Deutsche Sprach-und Stillehre　獨逸語並に文體論』が脱稿して、「はしがき」が書かれたのは、一九二七年二月四日から同月一三日位の間であり、ドイツ到着直後から取り組んだ弘一のドイツ語研究の結実したのは、時満ちて留学の終わらんとする時だったのであろう。このようにして弘一はドイツ留学の成果を携えて、一九二七年二月の後半に足かけ五年ぶりに帰国したのである。

第Ⅲ部　大学人として、政治家として（一九二七～一九六五）

はじめに

第Ⅲ部では、世耕弘一の戦前期、戦中期、戦後期における政治家としての活動を、近畿大学の創設に至る大学人としての活動を取り上げている。前者については、戦前期の統制経済批判、戦中期の翼賛政治に抗した議会活動、戦後期の隠退蔵物資摘発活動、経済企画庁長官・国務大臣としての活躍などを発見した一次史料で克明に辿り、政治家としての世耕弘一の業績を客観的に提示している。後者については、従来未解明であった、近畿大学の前身にあたる専門学校時代の歴史を必要な限りで、近年見出した原史料で辿った上で、世耕弘一が大阪専門学校の立て直しに起用された経緯や彼による近畿大学の創設の経緯を、その建学の精神を踏まえて可能な限り実証的に解明している。

1　帰国直後

すでに述べたように、一九二七(昭和二)年三月一日発行された『日本法政新誌』[1]に掲載されている「櫻門記事《おうもんきじ》」と題する日本大学関係者の消息を伝える欄に、「二留學生《りゅうがくせい》の帰朝《きちょう》」という記事があり、その冒頭部分で「去《さる》大正十二年九月一日の大震災の前日に神戸を出帆してドイツ留學の途についた小林錡《かなえ》學監、及び世耕弘一氏は滿《まん》三カ年留学を終ってシベリヤ經由《けいゆ》本月帰朝《きちょう》した。」(ここでも分かり易くするために、振り仮名を付けた)と報じられている。

「大正十二年九月一日の大震災の前日」は明らかな誤りで同年「九月二日」である。月刊誌である『日本法政新誌』のこの号が発行されたのは一九二七年三月一日であるから、その編集作業は二月にされている。したがって、「本月」とはこの年の二月のことである。以上から、世耕弘一自身が「ドイツ留学の憶い出」で述べているように、一九二七年二月に帰国したことが確認できる。そして、日本大学作成の『日本大学教職員調《しらべ》』収録の弘一の日本大学での「職歴調《しょくれきしらべ》」[2]によれば、一九二七年四月一日に「世耕弘一」は「日本大學講師」として迎え入れられたことになっている。また、一九二八年六月一八日に日本大学校友会によって発行された『昭和三年六月現在日本大學校友會會員名簿』[3]でも「世耕弘一　日本大學講師」となっている。

弘一が帰国した一九二七年二月当時は、日本では金融不安が進行していた。というのも、関東大震災による経済的な大打撃のために生じた不良債権が累積し、一九二六年末にそれが巨額に達していたからである[4]。そのような不良債権の処理が進まない中で、一九二七年三月に第一次若槻礼次郎《わかつきれいじろう》内閣の大蔵大臣の不用意な発言をきっかけにして、銀行への取り付け騒ぎがおこり、銀行の倒産が続出し、台湾の金融の中心である台湾銀行の経営さえ危うくなった（「金融恐慌」）[5]。若槻内閣は明治憲法の規定に基づく緊急勅令《きんきゅうちょくれい》によって、台湾銀行救済のための二億円貸し付けをしようとしたが、枢密院でこれが否決された。その結果、若槻内閣は四月に総辞職した。元老西園寺公望《さいおんじきんもち》（一八四九〜一九四〇）の推薦によって、政友会の田中義一《たなかぎいち》（一八六四〜一九二九）が首相に命じられた。同月に成立した田中内閣のもとで緊急勅令によって「モラトリアム」（支払猶予令《ゆうよれい》）が施行され、全国の銀行の三週間営業停止・日本銀行からの約二〇億円の緊急貸出によって、金融恐慌が切り抜けられた[6]。六月には憲政会と政友本党が合同して、立憲民政党（以下、民政党と略す）が結成された。

2　初立候補

一九二八（昭和三年）年二月二〇日に行われた最初の男子普通選挙である第一六回衆議院総選挙の結果、議席数は政友会が二一七名、民政党が二一六名であった[7]。この選挙に世耕弘一は郷里の和歌山県二区で無所属で立候補し、六、八三二票を獲得したが、次々点に止まり当選できなかった[8]。

なぜ、帰国したばかりの弘一が立候補したのか、それを語る一次史料は残っていない。だが、ドイツの経済があのハイパー・インフレーションを劇的に克服してV字回復をする様子を、またシュトレーゼマンの国際協調政策によってドイツの国際的地位が安定する過程を目撃した弘一にとっては、当時の日本の経済・国内外の政治は危機的なものに映ったことだけは、確かであろう。その後、弘一は日本大学での勤務を続け、後に触れる一九三二年の初当選の直後の史料[9]によれば、弘一は「日本大学教授ニシテ校友課長、学生主事、同大学附属第二中学校総務ヲ兼ヌ」となっている。

田中内閣は国内では一九二八年に治安維持法を改正し、国外では一九二七年から翌二八年にかけて山東《さんとう》出兵を行う中で、済南《さいなん》で日本軍は中国国民党軍と交戦した（済南事件）。そして、一九二八年に起こった張作霖《ちょうさくりん》爆殺事件が起こり、田中内閣はその処理を誤り、翌二九年七月に倒壊した[10]。同月に浜口雄幸《はまぐちおさち》（一八七〇〜一九三一）が元老西園寺の推薦によって首相に任ぜられ、民政党の浜口内閣が発足した。この内閣の下で、一九三〇年二月二〇日に行われた第一七回衆議院総選挙に、弘一はやはり和歌山県二区で政友会公認を得られず立候補し、一〇、三九三票を獲得したが、惜しくも次点に止まった[11]。この選挙では民政党が二七三議席を得て政友会一七四議席に止まったこと、つまり民政党の大勝利であったことが、その背景として存在している[12]。

大勝した民政党の浜口内閣は、外政では国際協調政策をとり、一九三〇年四月のロンドン海軍軍縮条約を結んだが、これは天皇の統帥権を侵すものとして軍部や政友会から批判され、浜口自身が同年一一月にテロによって負傷した[13]。

また、この内閣は内政では緊縮財政と産業合理化を推進し、為替相場の安定と輸出増加をはかるために一九三〇年一月に金の輸出解禁を断行した。おりしもアメリカにおける株価大暴落をきっかけとする世界大恐慌がおこったために、日本の輸出が大打撃をうけ金が流出して、日本経済は大きく落ち込んだ（昭和恐慌）[14]。その後、浜口は負傷がもとで死去し、その後を受けて民政党の第二次若槻礼次郎内閣が一九三一年四月に成立した。だが、一九三一年九月に柳条湖《りゅうじょうこ》事件によって満州事変が起こり、不拡大方針を取ろうとした同内閣は同年一二月に倒れた[15]。その後は犬養毅《いぬかいつよし》（一八五五〜一九三二）が推薦されて首相となり、政友会の犬養内閣が出現した[16]。

3　初当選

犬養内閣のもとで、一九三二（昭和七）年二月二〇日に行われた第一八回衆議院総選挙に、世耕弘一は引き続き和歌山県二区で政友会公認にて立候補し、二三、一一一票を獲得して、当選、しかもトップ当選を果たした[17]。そこには弘一自身の努力がむろんあり、恩師の山岡萬之助（一八七六〜一九六八）と実兄の世耕良一の助力があったようであり[18]、時代的背景もそこにはあった。弘一は前々回の選挙では次々点、前回の選挙では次点で、しかも確実に得票数を伸ばしてきており、選挙区における弘一の知名度の着実な高まりが基本的な勝因であろう。また、『土性骨風雲録』によれば、兄世耕良一が山岡の紹介で政友会の鈴木喜三郎《すずききさぶろう》（一八六七〜一九四〇）（当時は内務大臣）に会い、選挙資金の提供を受けたと伝えられている[19]。鈴木は政友会の派閥の有力リーダーであり、人の面倒をよく見る人物であったとされている。鈴木で注目しなければならないのは、かれが山岡とドイツ留学中以来の親友であった点、かれが鳩山一郎《はとやまいちろう》（一八八三〜一九五九）の義兄であった点である。しかも、鈴木はこの選挙での政友会の勝利に貢献しただけではなくて、自己を支持する有望な新人の多数の当選によって将来的には政友会総裁になることを意図していたとされる。かくして、一九三二年の衆議院選挙では民政党の一四六人当選に対して、政友会は三〇一人を当選させ、大勝した[20]。また、鈴木派は一〇五人となり[21]、その中で新人は一六人であり[22]、弘一はこの一員だったのである。

満州事変を引き起こした関東軍によって成立せしめられた「満州国」を、犬養内閣は承認しようとしなかったので、一九三二年五月に陸海軍の青年将校などが引き起こした五・一五事件によって犬養自身は殺害され、この内閣は倒れた。このようにして、日本の政治が内外で行き詰まりを見せる中で、「力」を用いて打開をしようとする動きが出てきた。外では軍事力で「満州国」に関する問題を解決しようとする動き、内では政党政治を実力行使で倒して軍事的独裁を確立しようとする動きであり、しかもこの両者は連動して日本の政治の全体主義体制の確立に向かおうとしていく[23]。元老の西園寺は、陸軍側の政党政治反対もあるので、後継首相として穏健派の海軍大将斎藤実《さいとうまこと》

（一八五八〜一九三六）を推薦し、挙国一致《きょこくいっち》内閣としての斎藤内閣が一九三二年五月に成立した。この内閣は満州国を同年九月に認め、翌三三年三月に国際連盟からの脱退をおこない、その結果、日本の国際的孤立が進んだ[24]。「一年生議員」であった弘一だが政友会の幹事となり、張り切って党務や国会での業務に取り組んでいたようで、第六五回議会（一九三三年一二月二六日〜一九三四年三月二五日）が閉会した直後のインタヴューに「今議會《こんぎかい》は全く不愉快な議會であったと思ひます。只《ただ》面目ない議會であったと御託《ごたく》する外はありませぬ。この上は立憲政治確立のため全力を盡《つ》くす覺悟を致します。」[25]と答えている。

4　岡田内閣の政策を痛撃《つうげき》

斎藤内閣は帝人事件《ていじんじけん》で一九三四（昭和九）年七月で倒れ、海軍大将岡田啓介《おかだけいすけ》（一八六八〜一九五二）が首相に命じられ、同月に岡田内閣が成立した[26]。だが、このころには軍部や「新官僚」（あるいは「革新官僚」）などの勢力が、今までの政治の在り方を変えようとする全体主義的な方向性を強めていった。そうした岡田内閣の政治姿勢を、政党内閣の成立を目指す政友会側は「岡田官僚政治内閣」と断じて、批判を強めていくのである[27]。

こうした中で、世耕弘一は政友会の機関誌『政友』第四〇九号（一九三四年九月刊行）に「岡田風船玉内閣」と題する論文[28]を掲載し、岡田内閣は「風船玉」が風にまかせてフワリ、フワリと飛んでいるようであり、それというのも「政策の持ち合わせもなければ主義主張もなくただ非常時と言ふ風の吹くまゝにその日その日の出来心でお茶を濁して行くのが岡田内閣のモットウ」であると痛烈に批判し、この内閣の「対外政策」や「農村地方政策」における一貫性の欠如を鋭く指摘している。

弘一はさらに『政友』第四二五号（一九三五年一二月刊行）に「岡田内閣の外交を鞭《むち》つ」と題する論文[29]を載せ、「政治理想のない岡田首相に外交智識《ちしき》のあらう筈《はず》がないのは勿論だ」として、この内閣が明確な対中国政策、対ヨーロッパ政策、対ロシア政策を持っていないことを具体的に挙げて、警鐘を鳴らしている。

一九三五年には「天皇機関説問題」が起こり、この岡田内閣は大きく揺さぶられる。しかも、この内閣は一九三六年一月にロンドン軍縮会議を脱退して海軍軍縮を破棄し、日本の国際的孤立はなお一層進んだ[30]。そうした中で、同年二月二〇日に第一九回衆議院総選挙が行われ、民政党が二〇五議席を獲得したが、政友会は一七一議席に止まり[31]、政友会総裁となっていた鈴木自身も落選した。そして、弘一は和歌山県二区で政友会公認として立候補し、六、七五二票を獲得したが、惜しくも次点に止まった[32]。この直後に陸軍の皇道派《こうどうは》の過激な将校たちによる二・二六事件が起こり、一九三六年三月に岡田内閣は退陣した。

5　論客として

広田弘毅《ひろたこうき》（一八七八〜一九四八）がつぎに首相に任じられ、挙国一致内閣として広田内閣が一九三六（昭和一一）年三月に成立した。同内閣は軍備を拡張し、同年五月に軍部大臣現役武官制度を復活し、対外的には一一月に日独防共協定を結んだりしたが、政党と軍部の対立に由来する閣内不一致で一九三七年二月に総辞職した[33]。陸軍大将の宇垣一成《うがきかずしげ》（一八六八〜一九五六）が首相の指名を受けたが、陸軍側が現役武官の陸軍大臣を推挙しなかったので、宇垣内閣は成立しなかった。林銑十郎《はやしせんじゅうろう》（一八七六〜一九四三）が首班指名を受けて挙国一致内閣として林内閣が一九三七年二月に成立した。同年四月三〇日の第二〇回衆議院総選挙では民政党と政友会は協力して戦い、民政党は一七九議席、政友会は一七五議席を獲得した[34]。世耕弘一は和歌山県二区で政友会公認として立候補し、九、三六九票を獲得して当選した[35]。

同年六月に林内閣は総辞職したが、またしても政党内閣は成立せず、貴族院議長の近衛文麿《このえふみまろ》（一八九一〜一九四五）が首相に指名され、挙国一致内閣として第一次近衛内閣が一九三七年六月に成立した。同内閣はその直後の同年七月に盧溝橋《ろこうきょう》事件によって勃発した日中戦争の拡大を防ごうとしたが、結果的には拡大させてしまった。この内閣は同年一一月には日独伊三国防共協定を結び、さらには翌三八年四月の国家総動員法公布などによって戦時体制を整えていった[36]。

この内閣の時期の国内外の問題に関連して、弘一は『政友』四四六号（一九三七年一二月刊行）において切れ味鋭い「英国不可解なり」と題する論文を発表している[37]。簡単に言えば、次のように英国の東洋政策が論じられている。ある意味では世界中でもっとも中国を、そして日本を知っているのは英国であり、その理由は英国が東洋、特に中国に利害関係を持っているからである。しかるに、英国は東洋のことをあまり知らない国々とともに日本側に難題を持ち込もうとしており、これは「真の平和愛好者の行為でないことは明である」として、英国は日中戦争が深刻化しないような方法を講ずべきであるとしている。また、『政友』四五九号（一九三九年一月刊行）において「企画院の思想？」と題する論文を掲載し[38]、戦時体制構築の事実上の中心である企画院の思想と施策にメスを入れて、大略次のように主張している。企画院がなそうとしているのは資本主義の強化ではなくてその修正で、社会主義の前提となっている恐れがある。また、企画院で立案される法案は重大法案であるのに国民の意を汲まないものであり、しかも議会の審議も許さず独断専行である。

この第一次近衛文麿内閣でも内部対立が強まり、一九三九年一月に閣内不一致で総辞職した[39]。同月に枢密院議長であった平沼騏一郎《ひらぬまきいちろう》（一八六七〜一九五二）が首相に任命されて挙国一致内閣として平沼内閣が成立した。ドイツとの軍事同盟締結を目指す陸軍とこれに反対する海軍・外務省との対立が激化し、この内閣も閣内不一致が強まり、同年八月に独ソ不可侵条約が成立したので、ヨーロッパ情勢は「複雑怪奇」の声明を出してこの内閣も総辞職した[40]。そうした中で政党政治も行き詰まりを見せ、政党内部にも分裂が深くなっていった。たとえば、弘一が属する政友会では鈴木喜三郎の派閥を受け継いだ鳩山一郎は議会政治の擁護の立場をとり、軍部との関係を重視する親軍的立場をとる中島派との対立を深めて分裂状態となり、前者は政友会正統派、後者は政友会革新派と呼ばれるようになった[41]。弘一は鳩山と行動をともにして、政友会正統派に属したことは言うまでもない。

6　統制経済を批判

一九三九（昭和一四）年八月に阿部信行《あべのぶゆき》（一八七五〜一九五三）が首相に任命され、挙国一致内閣として阿部内閣が成立した。この内閣は対外的には九月一日にヨーロッパで勃発した第二次世界大戦に不介入の声明を発表し[42]、対内的には日中戦争の進展で生活物資の不足による物価高騰に対して、一〇月一八日には価格等統制令を公布した。この統制令によって物資は闇市場に流れることになり、逆効果になったとも言われる。すでに第Ⅱ部で詳しく触れたように、ドイツ留学中にハイパー・インフレーションでドイツ国民が苦しむ姿を目撃した世耕弘一にとっては、この価格等統制令の結果は許すことのできない問題であったと思われる。政友会正統派の機関誌『立憲政友』の第一〇号

（一九四〇年一月一〇日刊行）に統制経済を痛烈に批判する「諸事《しょじ》統制廃止《とうせいはいし》之《の》事《こと》」と題する記事を弘一は掲載したが、同月一三日に削除の処分を受けた[43]。この削除処分は徹底して行われたようで、この記事は現在のところ未発見であり、そのために正確にその全文を知ることはできない[44]。ただ、この処分を記録した警保局図書課『出版警察報』第一二五号に一部が抄録されている[45]。その抄録の全文を掲げると、次のとおりである（現用漢字に改めた）。

（前略）物価高ければしまつする、高ければ物よけつくる、そこで市場も繁盛し、物の不足も充たされて、公正相場が顔を出す。物安ければよけ使ふ、消費節約逆となる、公定相場の低価格、物の消費を助長する（中略）物の不足を充すには、高物価より外はない。低物価では物出来ぬ。不景氣政策、低物価、こゝの道理をわきまえよ。（中略）あれも統制これもぞと、統制はやりはもう懲りた。統制止めて、自由相場に建て直せ、時局を救ふ近道ぞ。（中略）聞け国民の要求を！耳傾けよ民の声。

先ず国動法やめてくれ、国民が、履行出來ない法律は、無益有害の法令ぞ、官僚独善で、こしらえあげた法令を無理に通して国動法、このまゝ呑めば、生命取り。（中略）道理のあはぬ政治して、国は栄へぬ、民は泣く、金があつても物買へぬ。物のある時、買はにや損、食つてゆかれぬ世となりぬ。餓鬼の仕打ちと言ふなかれ、物の買ひだめ無理はない。あすの政治が氣にかゝる。民の心がおちつかぬ。道理じや無理じや胸せまり、あすの日本が思はれる。（中略）苦心さん憺骨けずり、四百余州を攻めとつて、守りかためた人達にこんな泣きごと聞かさりよか、無理は言ふまい我慢する、支那を治めるそれまでは、とは言ふものゝ次々に、発令される統制令、咽しめられる思ひする。

あ、統制令やめてほし。（中略）けちな統制令けつとばせ、モーロー内閣踏みつぶし、強力内閣樹立して、我春た、へん一億民！（下略）

まことに明快かつ達意の一文であり、痛烈な統制令批判といえる。

また、警保局図書課『出版警察報』第一二八号[46]によれば、衆議院議員世耕弘一作『統制流行憂多《とうせいはやりうた》』が、一九四〇年五月三一日に禁止処分を受けている。そこで述べられていることによれば、「本書（三五版一六頁活版刷）」は阿部内閣時代に秘密出版されたものと認められ、「諸事統制廃止之事」と題して「立憲政友一月号二四、二五頁」に掲載して全文削除の処分を受けた記事とまったく同一内容のものであり、国家総動員法施行その他の国策に反対を表明していることなどにより禁止されたのであった。ここから推測できるのは、国民の経済生活をかえって圧迫する統制令の廃止をひろく訴えるために、「諸事統制廃止之事」と同一内容のものを『統制流行憂多』として自費出版したということであろう。この当時検閲を担当したのは内務省警保局検閲課であるが、その保管係が纏めた『昭

和十五年度　單行本處分日誌　檢閲課保管係』という冊子(国立国会図書館所蔵)の七枚目表に「統制流行憂多」の処分に関する貴重な史料を発見できた。そこでは、「衆議院議員世耕弘一」の「統制流行憂多」について、発行日附は「不明」、処分月日は「五月三十一日」、型種は「三五版」、頁数は「一六頁」、申報は「神奈川」県、適用は「阿部内閣時代ニ政府不信ノ世耕代議士ニ依リ秘密出版サレタモノト認メラレ全面的ニ統制経済節約低物価政策等反対自由主義経済謳歌強調セル露骨極端ナル歌詞。」(旧漢字は現用漢字に改めた)となっている。つまり、発行日附は「不明」、「三五版」「一六頁」の「衆議院議員世耕弘一」の「統制流行憂多」は「神奈川」県警察からの「申報」によって、安寧紊乱《あんねいびんらん》を理由に昭和十五年「五月三十一日」処分されたのである。

『統制流行憂多』も徹底的に没収されて、今日にいたるまで発見されていない。「諸事統制廃止之事」・『統制流行憂多』のそれぞれの正確な内容の把握、この両者の関係性の解明は今後の研究の課題である。

7　斎藤隆夫衆議院議員除名問題

阿部内閣はやがて政党の反対や陸軍からの支持喪失などにより一九四〇(昭和一五)年一月に総辞職した後には、ドイツ・イタリアへの接近に反対していた海軍大将の米内光政《よないみつまさ》(一八八〇〜一九四八)

が首相に任ぜられた[47]。民政党の衆議院議員斎藤隆夫《さいとうたかお》（一八七〇〜一九四九）が同年二月に第七五議会で米内内閣に対して質問演説をおこなったが、その中に軍部を批判した言葉があったとして（「反軍演説」）[48]、陸軍は猛反発をして斎藤の処分を求めた[49]。多くの政党内では斎藤を処分するかどうかで討議がなされて紛糾したが、結局、同年三月に斎藤は衆議院の議決で除名され、これは各党が解党に向かう契機ともなった[50]。陸軍が斎藤処分を強く求めた背景として、当時の日本政府が中国の汪《おう》兆銘《ちょうめい》政権との和平交渉を進めようとしていたのに対して、斎藤は蒋介石政権との交渉により真の和平を求める政策を支持していたことがあった[51]。

ここで注目しておきたいのは、七一名の衆議院議員を擁する政友会正統派は斎藤の処分に賛成することを党方針としたが、その中の弘一や鳩山一郎などの二七名は、議決の際に棄権し、さらに五名は反対に投票したことである[52]。後述するように、一九四一年に大政翼賛会に抗して弘一が鳩山などと同交会を結成するのだが、その芽はすでにここに現れていたのである。また、ヨーロッパにおける第二次世界大戦の緒戦で軍事的優位を占めるドイツとの軍事同盟を求める陸軍は、米内内閣を親英米的とみなし、陸軍大臣の辞職によって一九四〇年七月に倒閣に追い込んだ[53]。

8　同交会の結成

既成の諸政党による政治に代えて、ナチス・ドイツのような一国一党体制を志向する新体制運動が盛り上がる中で[54]、近衛文麿が首相に任ぜられ、一九四〇(昭和一五)年七月に第二次近衛内閣が成立した。そのような状況下で新体制を見すえて政党の解党が相次ぎ、例えば政友会正統派や政友会革新派は同七月に、民政党も翌八月に解党した[55]。そして、同年一〇月に近衛文麿を総裁とする大政翼賛会が結成されたが、一国一党体制は帝国憲法に違反するので、大政翼賛会は政治結社とはなりえず、さまざまの組織の寄せ集めのような存在に過ぎなかった[56]。そして、衆議院では一二月に四三五人の議員によって衆議院議員倶楽部が形成された[57]。このようにして、複数の政党の存在を前提とする議会制政治は機能しえない結果になったと言えよう[58]。一九四一年には大政翼賛会が改組されると、衆議院議員倶楽部は解散されて、九月に三二六名の議員から成る政府与党的な翼賛議員同盟が結成された[59]。

対外的には、第二次近衛内閣は成立直後に北部仏印《ふついん》進駐と日独伊三国同盟締結を行い、アメリカ合衆国との対立が決定的なものになった。さらに、同内閣は一九四一年四月には日ソ不可侵条約を結んで南進の動きを示したので、アメリカ側は態度をいっそう硬化させることになった[60]。近衛首相は同年七月に内閣総辞職の後に、外務大臣を入れ替えて第三次近衛内閣を発足させ、アメリカ側との関係改善を模索したが、日本軍が南部仏印進駐を行ったので、アメリカは対日石油輸出を全面禁止した[61]。近衛首相はアメリカ側の主張を容れて中国から撤兵することによって対米交渉の継続を主張したが、陸軍大臣の東条英機《とうじょうひでき》（一八八四～一九四八）は撤兵に猛反対し、その結果、第三次近衛内閣は一〇月に総辞職した。東条が首相に任命され、東条の独裁色の強い内閣が同月に成立した[62]。東条内閣は開戦準備と対米交渉を並行して進め、同年一二月一日までに交渉が妥結しない場合は対米開戦の方針をとった。結局、対米交渉は妥結せず、一二月八日に太平洋戦争が勃発し、緒戦においては日本軍の勝利が続いた[63]。

翼賛議員同盟に参加しなかった衆議院議員の中の三五名は、この東条内閣の成立直後に、同交会という会派を結成し、一一月一〇日に世耕弘一と石坂豊一《いしさかとよかず》（一八七四～一九七〇）が代表して衆議院書記官長大木操《おおきみさお》（一八八一～一九九一）に交渉団体の届出を行い（この直後に、鳩山一郎、尾崎行雄《おざきゆきお》が入会）[64]、議会制民主政治を堅持しようとした[65]。

弘一自身が編集・発行した『同交会　第七十七回・第七十八回　帝国議会報告書』（一九四二年三月発行）に四項目からなる「同交会声明」（一九四一年一二月一五日）が掲載されており[66]、その要点は次のとおりである。

⑴世界的危機に日本は直面しているから、政府はいかなる方策で国政をなすかを明示すべきこと

⑵戦時経済政策で最重要なことは国力の充実であるが、官僚統制はこの目的に反するので、政府

は現状に適した政策を実行すべきこと
(3)最近は言論が制限されており、政府は議会の権威と言論界の機能を尊重すべきこと
(4)同交会の同志は国民の代表として憲法に則って、国家の危機に立ち向おうとしていること

このように、翼賛政治体制に抗して、民主主義的な立場からの局面打開が主張されている。

9 翼賛選挙

第二次近衛内閣によって一九四一(昭和一六)年四月末で満了となる衆議院議員の任期が戦時下ということで一年延期されており、一九四二年四月末で任期満了となるので、日本の軍事的優勢を背景に東条内閣は戦争遂行に協力的な翼賛議会の成立を目指して、一九四二年四月三〇日に第二一回衆議院議員総選挙を実施することにした[67]。首相が選んだ各界代表者に翼賛政治体制協議会(会長は元首相の阿部信行陸軍大将)を樹立させ、政府ではなくて、同協議会が議員定数と同数の四六六名の候補を推薦する形を取った[68]。しかも、政府は推薦候補には選挙資金を与え、非推薦候補には警察などを通じて選挙運動に干渉をおこなった[69]。この翼賛選挙の結果、推薦候補は三八一名が当選し、非推薦候補は八五名が当選し、同交会の立候補者二九名の中では尾崎・鳩山などの九名のみが当選したに過ぎず、大幅に議席数を減らした同交会は、東条内閣の圧力もあり、一九四二年五月一四日

に解散することになった[70]。

和歌山二区（定員三名）の当選者は全員推薦者であり、世耕弘一は三位当選者の一三、六五〇票に大きく水をあけられて、六、三二九票に止まり、次点に終わった[71]。この翼賛選挙において非推薦候補であった弘一が東条内閣や大政翼賛会側から甚だしい選挙妨害を受けた様子を、彼自身が戦後に述べた英文史料を発見することができた。極東国際軍事裁判所設立に先んじて一九四五年一二月に国際検察局（ＩＰＳ）が設置されたのだが、その検査部の検査官リチャード・ラーシュ（Richard Larsh）が同交会（DOKOKAI）について作成した一九四七年四月九日付の「覚書」（MEMORANDAM）である[72]。その大意は以下のとおりである。

> 世耕弘一氏（Mr. SEKO, Koichi）、同交会に関する論文の執筆者は一九四二年四月の総選挙での妨害について尋ねられた。
>
> 警察、憲兵及び在郷軍人会が妨害においては最も活発であったと、かれは語った。さらに、大政翼賛会のメンバーが和歌山県におけるかれの選挙運動に対する露骨な妨害者であったこと、かれが警察の庇護を受けられなかったので、かれらが妨害運動を実行できたことを、かれは語った。

妨害運動の中で、いくつかの活動は世耕の支持者からの米や肥料の配給を絶つことを含んでいた：組織化された密告活動は、世耕への投票は戦争の敗北を意味すると暗示していた：世耕の助力者や支持者の告発なしの投獄、世耕とのかれらの関係についての尋問は、かれらが世耕からの庇護をうけている闇商人であることを暗示していた：そして世耕の宿屋のすべての出入り口に警備員が配置され、支持者はそれが怖くて訪問することができなかった。

その他の独特な方法は、世耕の演説を知らせるポスターを掲示する人の逮捕であり、そして配置したポスターで演説の事前通告をしていなかった理由で世耕の演説を停止することであった。

大政翼賛会の推薦候補たちの利益のために世耕を落選させるように、東条大将(当時は首相、自動的に大政翼賛会総裁)が個人的に和歌山県知事と警察本部長に、命令していたことを、世耕は落選の後に告げられたと述べた。

内務大臣安藤は、すべての県の知事に対するその優越的地位から、翼賛会に対立する候補者の選挙活動を知事が妨害すべしとの命令を知事に発していたと、世耕はまた聞いた。

大政翼賛会は一九四二年にすべての反対党を一掃して、この国で一党制度を創出する努力をすると決心していたというのが、世耕の個人的意見である。

以上から、この時のいわゆる翼賛選挙で、非推薦候補者である弘一に対する選挙運動に対する東条内閣の妨害がいかに甚だしかったかが、よく分る。中国の逸話「塞翁《さいおう》が馬」は「禍福《かふく》は糾《あざな》える縄の如し」と伝えるが、戦後になって、翼賛選挙で当選した議員の内、推薦者だった者は無論、場合によっては非推薦者だった者も公職追放となっている。この時落選した弘一は、一九四六年四月の第二二回衆議院総選挙に、立候補して当選を果し、議会制民主政治の再建に尽力《じんりょく》することになる。

10　近畿大学の前身の学校

近畿大学の起こりは、一九二五（大正一四）年に設置された日本大学専門学校である。同校は次に述べるように、その後に名称を変更して日本大学大阪専門学校、さらに大阪専門学校となり、同校と大阪理工科大学を母体として近畿大学が創設されたのであり、その創設者が世耕弘一であることは言うまでもない。

日本大学専門学校の設立の認可に関する文書群[73]が、国立公文書館所蔵の「大阪専門学校　大阪第五の一冊」[74]という簿冊に収録されているのを見出すことができた。この簿冊に収録されている、同校の設立認可申請の文書からは、大略次のように纏《まと》めることができる。「日本大学理事」平《ひら》沼《ぬま》騏《き》一郎《いちろう》から文部大臣岡《おか》田《だ》良平《りょうへい》に宛てた一九二四年七月三一日付の「専門学校設立認可願」が提出されている。そこでは「大阪府中河内郡小阪村及弥刀村」に専門学校を設立して一九二五年四月に開校するための許可が願い出られている。この当時は、専門学校の設立の申請書類はそれぞれの道府県を通じて提出することになっていたようで、この専門学校の場合も申請書はまず大阪府に提出され、それが一九二四年一二月一二日に大阪府知事中川望から文部大臣に差し出されている。「専門学校設立認可願」では、「設立理由」として「専門教育」は東京に集中して「収容人数」も少数であることから由来する「欠陥」を、大阪府での専門学校設立によって、解消することが挙げられている。「専門教育（法律学、商業学、政治学）」の「目的」以下一八項目が具体的に挙げられており、「名称」は「日本大学専門学校」、「代表者」は「日本大学理事　平沼騏一郎」・「修業年限」は「三ケ年」、「生徒定員」は「千百四十人」、「開始学科」は「法律科、商科、政治科」、「開始年月日」は「大正十四年四月」などとなっている。

そこに添付されている文書から分る点は、次のとおりである。

「日本大学理事」の平沼から文部大臣岡田宛ての「校長許可願」（一九二五年二月二三日）から初代校長には法学博士市村光恵が充てられた。

用地は大阪電気軌道株式会社（現在の近畿日本鉄道株式会社の前身にあたる会社）と大阪府中河内《なかかわち》郡《ぐん》弥刀《みと》村《むら》の武村《たけむら》亀二郎《かめじろう》という資産家から寄付された大阪府中河内郡弥刀村小若江と同郡小阪《こさか》村《むら》上《かみ》小阪《こさか》の五、〇〇〇坪（約一六、五三〇平方メートル）であった。

基本財産として北海道室蘭市の実業家楢崎《ならさき》平太郎《へいたろう》（一八七一～一九三二）から一四万円が寄付された。

図書は東京市神田区の清水書店の葉多野太兵衛《はたのたへい》（一八六八〜一九二六）から三五〇冊（一七五〇円相当）が寄付された。また、校舎の建設費として大阪市西区の深川重義《ふかがわしげよし》（一八八二〜一九五八）から三万七千円が寄付された。

「日本大学専門学校ヲ専門学校令ニ依リ設立スル件ヲ認可スル」とする一九二五年二月一二日付「私立学校設立認可ノ件」にしたがって、同年三月一二日に日本大学専門学校の設置は文部大臣によって認可されたと解せられる。その旨が、『官報』三七六六号[75]（一九二五年三月一四日刊行）において、次のように告示されている（旧漢字は現用漢字に改めている）。

◎文部省告示第百二十四号
専門学校令ニ依リ左記ノ専門学校ヲ設置シ
大正十四年四月ヨリ開校ノ件認可セリ
　大正十四年三月十四日
　　　文部大臣　岡田　良平
名　称　日本大学専門学校
位　置　大阪府中河内郡弥刀村大字小若江
設立者　財団法人日本大学

日本大学が一九二五年に同学専門学校を大阪府に設置したのには、単に大阪府で土地の寄付を受けたということだけではなくて、重要な社会経済的な背景があった。当時の東京市は関東大震災によって社会・経済的な大打撃を受けたが、大阪市は市域拡大（一九二五年）などの都市計画事業を推進した。その結果、東京市の人口は、大震災前の一九二〇（大正九）年が二、一七三、二〇一人、大震災後の一九二五年が一、九九五、五六七人、一九三〇（昭和五）年が二、〇七〇、九一三人であるのに対して、大阪の人口は、一九二〇（大正九）年が一、二五二、九八三人、大震災後の一九二五年が二、一一四、八〇四人、一九三〇（昭和五）年が二、四五三、五七三人となった[76]。のみならず、関東大震災後の大正末から昭和初期まで大阪市は面積や工業生産力においても東京市を凌駕し、「大大阪《だいおおさか》」と呼ばれて、文字通り日本最大の都市として繁栄していた。それゆえに、山岡萬之助を経営の中心とする日本大学が、この時期に大阪府に地元の協力を得て同学専門学校を設立したといえよう。

そして、その後のこの専門学校の略史を国立公文書館所蔵文書や『官報』などの一次史料に依拠して辿ってみると、次のようになる。一九三九年（昭和一四）一月二一日刊行の『官報』三六一二号によれば、一九三九年に日本大学は日本工業学校（入学資格は尋常小学校卒業）の大阪府布施市（当時）での設立を申請し、認められている[77]。一九三九年三月一四日に日本大学は日本大学大阪専門学校への名称変更ならびに学則変更を文部省に申請して、「昭和十四年四月一日ヨリ日本大学大阪専門学校ト改称ノ件昭和十四年三月三十一日認可セリ」と四月四日に告示されるとされている[78]。

そして、注目すべきことに、同年一二月二九日刊行の『官報』三八九五号[79]掲載の「文部省告示第四百六十六号」によれば、「日本大学大阪専門学校」と「日本工業学校」の「設立者」を「昭和十五年一月一日ヨリ財団法人大阪専門学院ニ変更ノ件昭和十四年十二月二十七日認可セリ」となっている。つまり、日本大学大阪専門学校は「日本大学」という名称を冠しているものの、日本大学とは別の大阪専門学院のもとの学校になったことを意味しているのである。

さらに、一九四三年三月一二日に「財団法人　大阪専門学院」に対して「昭和十八年十一月付申請日本大学大阪専門学校ヲ大阪専門学校ト改称ノ件認可ス」とされ、「日本大学大阪専門学校」を一九四三年四月一日より「大阪専門学校ト改称ノ件」を同年三月一二日認可したことを「文部省告示第百五十三号」として三月一六日で告示するとされている[80]。その結果、一九四三年三月一六日刊行の『官報』四八五〇号[81]には大阪理工科大学の設立認可とともに、日本大学大阪専門学校への改称認可が、次のように掲載されている（旧漢字は現用漢字に改めている）。

◎文部省告示第百五十三号

大学令ニ依リ左記ノ大学ヲ設置スルノ件昭和十八年三月十二日認可セリ

昭和十八年三月十六日

文部大臣　橋田　邦彦

名　称　大阪理工科大学

位　置　大阪府布施市

設立者　財団法人大阪理工科大学

開設期　大学予科　昭和十八年四月一日

理工学部　昭和二十年四月一日

◎文部省告示第百五十四号

専門学校令ニ依リ設置セル日本大学大阪専門学校ヲ昭和十八年四月一日ヨリ大阪専門学校ト改称ノ件昭和十八年三月十二日認可セリ

昭和十八年三月十六日

文部大臣　橋田　邦彦

それゆえに、一九四三年四月に設立された大阪理工科大学と改称された大阪専門学校は日本大学とは、組織の上では、関係のない存在となっている。だが、人事上は日本大学と大阪専門学校はまだ関係があったようであり、両者は関係がまったくなくなったわけではなかったと思われる。

11　大阪専門学校へ

この大阪専門学校には日本大学専門学校時代から勤務する者もいたので、その中には日本大学と別組織になることには違和感を持つ者も存在していたと推察される。一九四三（昭和一八）年から翌年にかけて、同校内で日本大学との関係を維持しようとするグループと同校の独立性を強めようとするグループとの間の不和が学生も巻き込んで顕著になり、しかも大阪専門学校に配属されていた将校がそこに絡んできて、非常に錯綜した状態となった[82]。その経過を詳しく辿ることは、ここでは必ずしも必要ではないので、これは省くが、問題はその結果、軍部が同校からの配属将校引き上げを行い、配属将校が行う軍事教練は兵役短縮や徴兵猶予を受けるための非常に重要な科目であったから、大阪専門学校は存亡の危機に瀕することになった点である。そこで、このような状態を解決するために、日本大学側から何人も派遣されたが、いずれも失敗に終わった。そのため、一九四四年二月一三日のこととされているが、日本大学の総長山岡萬之助が理事世耕弘一を伴って、来阪した[83]。だが、山岡でさえもこの状態をどうしようもできず、帰京しようとした。一九二九年に日本大学で起こった深刻な学園紛争を、一九三〇年に同じく起こった過激な学園紛争を学生主事として粘り強く解決した弘一の実績[84]を評価してであろうと思われるが、帰京の際に山岡は大阪専門学校内の不和の解決を弘一に委ねたとされている。

かくして大阪にひとり留まった弘一は、周到かつ誠実に同校の各グループや学生などと対話し、大阪府や文部省の担当官とも協議をして、大阪専門学校内の不和を解決する糸口を見出そうと努力した[85]。その結果、学校の正常化を実現していき、弘一は大阪専門学校の校長代理に、さらに山岡から同校の理事会長代理に任命され、その後、同校校長に就任していく[86]。そして、弘一は、最大の関門となっていた大阪の陸軍の師団本部と真摯に協議を重ねた結果、同年六月一七日に兵務部長が同月一九日に大阪専門学校に視察するので校長の弘一に立ち会うようにとの兵務部公式通達が来た[87]。その視察の結果、何ら問題なしと判断された。同年六月二二日付の師団参謀長通達によって、新たな将校の大阪専門学校配属が知らされた[88]。そして、この将校は同月三〇日に大阪専門学校に着任し[89]、ここに同校における配属将校問題は落着した。その後の同年九月二一日に文部省から大阪専門学校校長として正式に認可された弘一は、周到に学園紛争の後遺症を一掃することに努め、同校の正常化を果たし、さらに、一九四六年二月には大阪理工科大学総長代理に、同年五月には同学理事に就任した[90]。大阪専門学校と大阪理工科大学を母体にして、一九四九年に弘一は近畿大学を創設するのであり、この点については後段で一次史料に立脚して触れたい。

12　戦後政界に復帰

東条英機内閣が一九四四（昭和一九）年七月にサイパン島陥落の責任を負って退陣した後、小磯国昭《こいそくにあき》内閣（一九四四年七月〜一九四五年四月）を経て、鈴木貫太郎《すずきかんたろう》内閣（一九四五年四月〜一九四五年八月）がポツダム宣言を受託して一九四五年八月一五日に第二次世界大戦は終結した。その結果、日本は同年九月二日から一九五二年四月二八日まで連合国（軍）最高司令官総司令部＝ＧＨＱ・ＳＣＡＰの間接統治下に置かれ[91]、日本の民主化が始まった。

アメリカ太平洋陸軍総司令官マッカーサー（Douglas MacArthur 1880~1964）が連合国（軍）最高司令官となり、その総司令部＝ＧＨＱが実際には連合国（軍）最高司令官総司令部であった[92]。東久邇宮稔彦《ひがしくにのみやなるひこ》内閣（一九四五年八月〜一九四五年一〇月）の後に成立した幣原喜重郎《しではらきじゅうろう》内閣（一九四五年一〇月〜一九四六年五月）のもとでＧＨＱの要請・指示により新憲法の制定の準備が進められ、紆余曲折をへて一九四六年一一月に日本国憲法として公布されるのである[93]。一九四五年一二月には衆議院議員選挙法が改正され、満二〇歳以上の男女に選挙権が認められた[94]。一九四六年一月四日にＧＨＱが発表した「好ましくない人物の公職よりの除去に関する覚書」によって公職追放がはじまったが[95]、保守的だと判断された日本自由党や日本民主党の議員を排除する狙いがあったとされている[96]。

世耕弘一は終戦から約一月半後に鳩山一郎らと新党結成の準備を東京で始めたことが、警視庁情報課長による「鳩山派新党結成準備会開催の件」と題する一九四五(昭和二〇)年九月二八日付「官情報第七〇八號《ごう》」[97]という報告から分る。それによれば、新党結成準備中の鳩山一郎のグループは同日午後一時から準備会を丸ノ内の常盤屋《ときわや》で開催し、出席者は約三五人であったとして、その中の主要なメンバーとして鳩山以下一四人の名前が挙げられており、そこに「世耕弘一」が認められる。そして、そこでの協議では新党の宣言・綱領・当面の政策の骨子となる事項について意見が交換され、以下のように決定されて、午後三時に散会した。(旧漢字は新漢字に改め、振り仮名を付けるなどして、読みやすくした)

事務所は常盤屋に置き一〇月一日より開設すること
次回は一〇月七日午後一時より事務所において準備会を開催、準備委員を詮衡《せんこう》すること

ここに挙げられている一四人中四人は同交会に属していた。つまり、終戦直後に日本の民主化の動きをいち早く示した党派のひとつは、旧同交会のメンバーを中心にしたグループだったのである。そして、この新党こそは、同年一一月九日に成立した、鳩山一郎を総裁にした日本自由党だったのである。この時期には同党以外も相次いで政党の活動再開や結成が見られ、政党政治の再開が始まっ

ていた。

翌一九四六年四月一〇日の第二二回衆議院総選挙で、弘一は日本自由党公認として和歌山全県一区（定員六人）に立候補して、三三、八八三票を得て三位当選を果たした[98]。しかも、日本自由党は一四一議席を得て、衆議院における第一党となった[99]。第一党になった同党の党首である鳩山が首相に選ばれると思われていた五月四日に、鳩山が連合国（軍）最高司令官総司令部の覚書によって「追放」を告げられた[100]。鳩山は吉田茂を日本自由党の総裁に推薦し、第一党である同党と第二党である進歩党（一九四五年一一月一六日結成）との連立によって第一次吉田内閣（一九四六年五月二二日〜一九四七年五月二四日）が同月二二日に成立した[101]。当選三回目の議員である弘一は六月二二日に内務政務次官に就任した[102]。内務省は一八七三年一一月から一九四七年一二月まで存在した中央官庁で、国内の地方行政・警察行政・選挙事務などを幅広く担当した[103]。したがって、民主主義国家としての日本の再建の時に、自由主義の政治家としてすでに評価されていた弘一は、内政上の要ともいうべき役職に就いたことになり、後の節で触れるように、国民生活の安定の観点から隠退蔵物資の摘発に取り組むことになる。

13 隠退蔵物資《いんたいぞうぶっし》

第二次世界大戦末期に、日本の陸海軍は本土決戦に備えて各種の物資を大量に備蓄していた。一九四五(昭和二〇)年八月一四日の御前会議でポツダム宣言受託を決定し、同日付で終戦の詔勅が出され、同日深夜に日本政府は連合国側にポツダム宣言受託を通達した。同日に鈴木内閣は「軍其《そ》ノ他ノ保有スル軍需用保有物資資材ノ緊急処分《きんきゅうしょぶん》ノ件」について閣議決定した。それは次のようなものであった(分かりやすくするために、現代文に直し、適宜振り仮名を付けた)104。

陸海軍はすみやかに国民生活安定のために寄与し、民心を把握し、それによって積極的に軍と国民と間の不和による離反を防止するため、軍保有資材および物資などに付き隠密裡《おんみつり》に緊急に処分の方法を措置する。

なお、陸海軍以外の政府所管物資などに付いても、右に準ずる。

例示

一、軍の管理工場及び監督工場の管理をすぐに解除する。この場合、製品、半製品および原材料の保管は、とりあえず生産者に一任する。

二、軍の保管する兵器以外の衣料分およびその材料、医薬品及びその材料、木材、通信施設および材料、自動車（部品を含む）、船舶および燃料などを、関係庁または公共団体に引渡す。

三、軍作業庁の民需《みんじゅ》生産設備になり得るものは、これを適当に運輸省関係の工機工場《こうきこうじょう》やその他の民間工場に転換する。

四、食糧（砂糖を含む）を原材料とする燃料生産を即時停止する。

五、軍需生産はこれを直《ただ》ちに停止して、工場所有の原材料で民需物資の生産に当らせる。

この閣議決定はきわめて暫定的色彩が強く、しかも具体的な細則を欠くものであり、先に述べたように、陸海軍解体の後に所有権が不明確となった「軍需用保有物資資材」が流出し、勝手に隠匿されるなどして「隠退蔵物資」の問題となっていくのである。弘一自身の説明によれば、隠退蔵物資とは隠匿物資《いんとくぶっし》と退蔵物資《たいぞうぶっし》という意味で、前者は非合法的手段によって入手保管するものであり、後者は正規の機関が保有する物資で割当先が決定しているのに、決定後六カ月以上も正当な理由なく配給されていないものである[105]。その他にも、新兵器開発に必要であるという名目で、一九四四年八月一五日から三カ月間[106]ということで国民から政府が買い上げたり、国民から無償で供出されたりした大量のダイヤモンドも、戦後、日本銀行の地下金庫に保管されたままになっていた[107]。

その背景には、第二次世界大戦直後の日本経済の荒廃がある。戦争末期におけるアメリカ空軍の戦略爆撃によって、日本の主な都市のほとんどにあたる一一九の都市が戦災によって廃墟となり、二二〇万戸の住居が失われ、九〇〇万人が焼け出され、戦争による被害は、日本の生産財の二五％（その中でも工業用機械器具は三四％）に、交通財の二九％（その中でも船舶は八一％）にも達し、その結果、実質的国民総生産は、一九三四〜一九三六年の平均を一〇〇とした場合、一九四六年は六二、一九四七年は六五になった[108]。そのために深刻なインフレーションが起こり、卸売物価（東京）は、一九三四〜一九三六年の平均を一〇〇とした場合、一九四六年には一、六三〇、一九四七年には四、八二〇になり、消費者物価（東京）は、一九三四〜一九三六年の平均を一〇〇とした場合、一九四六年には五、〇〇〇、一九四七年には一〇、九一〇になった[109]。さらに農業の荒廃も深刻で、終戦の年の一九四五年は米の収穫量が約五八七万トンという極端な不作（それ以前の五年間の平均収穫は約九一一万トン）であった[110]。また、戦争終結時に海外にいた軍人は約三一〇万人、民間人は三二〇万人で、しだいに帰国して来た（一九四九年末までに、その約九〇パーセントが帰国を果たした）[111]。その結果、深刻な食糧不足が起こり、たとえば一日の一人あたり米の供給量は一九三四〜一九三六年の平均が三六一グラムであったのに、一九四六年は二五四グラム、一九四七年は二九四グラムとなり（同じく、砂糖の場合は三四グラムから二グラム、一グラム）、政府は食料などの生活物資に公定価を定めたが、その結果物資が闇市場に流れて公定価格をはるかに上回った[112]。

14　隠退蔵物資の摘発(1)

そうした経済的情勢の中で、一九四六(昭和二一)年二月一七日に勅令八八号として「隠匿《いんとく》物資《ぶっし》等《とう》緊《きん》急《きゅう》措置令《そちれい》」が公布された[113]。石油製品・糸・繊維製品・ゴム類・皮革・硬化油《こうかゆ》類・鉄鋼・電気抵抗合金・銅・錫《すず》・アルミニウム・電動機・変圧器・電球・軸受《じくうけ》を最近の一年以内に入手した者は地方長官を経て商工大臣に入手経路リストを提出すること、そのような物資を所有する場合は同年四月二〇日までは譲渡したり隠匿したりできないこと、大臣や地方長官は国民生活の安定のために調査物資以外のものでも譲渡や処分の禁止を命じ得ることなどが規定されていた。

さらに、同年八月一〇日に勅令三八〇号として「経済安定本部令」が公布された[114]。経済安定本部は「内閣総理大臣の管理に属し、物資の生産、配給及び消費、労務、物価、金融、輸送等に関する経済安定の緊急施策について」総合的に司るものであった。そして、内閣総理大臣が総裁を、国務大臣が長官を務めた。したがって、この時の総裁には吉田茂が、そして同じく長官には膳桂之助《ぜんけいのすけ》(一八八七〜一九五一)が就任した。

この第一次吉田内閣で大蔵大臣を務めた石橋湛山《いしばしたんざん》に対して、一九四七年になされた讀賣新聞社記者によるインタヴュー[115]によれば、「たしか経本のできる直前だつたと思う、大蔵大臣だつた僕のところに世耕君が三月危機突破のカギだといつて隠退蔵物資の話をもちこんできた」のである。そして、同年二月一五日(土)の閣議によって次のような内容の「隠退蔵物資等処理要項」が了解された[116]。

「隠退蔵物資及余剰在庫物資」の全面的活用のために調査して買上や配給を実施すること
その調査業務のために経済安定本部に隠退蔵物資等処理委員会をおくこと
委員会は隠退蔵物資調査班を組織して実地調査摘発を行うこと
調査班は隠退蔵物資と認められるものを封印してその移動などの禁止を命じ得ること
摘発された隠退蔵物資などは買上げや接収の上で配給されること

そして、石橋が同委員長に、弘一が同副委員長に任命された。石橋の語るところによれば、隠退蔵物資を見つけてもそれが一日一日横流しされる現状だったので、とりあえず委員会でやることにし、「僕は世耕君の熱意を買っていたし世耕君に活躍してもらうために委員会制度で発足したのだ、僕は委員長ではあるが実際の仕事は委員の人選その他世耕君に任せて彼の活躍を期したわけだ」[117]。

一九四七年二月二四日正午から経済安定本部総務長官室で「隠退蔵物資等処理委員会第一回会議」が開催された[118]。この委員会は石橋湛山委員長と世耕弘一副委員長および四〇人の委員(各省から三三人・民間から七人)から構成されていた[119]。同日の会議では、閣議決定の要項についての説明や隠退蔵物資等処理の現況の説明がなされた上で、各種協議がなされた。

かくして隠退蔵物資摘発を弘一は精力的に実施していくのである。第一次世界大戦後のドイツのハイパー・インフレーションとドイツ政府によるその対策を留学中に目撃したことを参考にして、第二次世界大戦後の日本のインフレーションを克服しようとする弘一の真摯な願いがそこにはあり、その点について、先に触れた「隠退蔵物資摘発の真相」と題する論文[120]で、弘一は以下のように語っている（旧漢字は現用の漢字に改め、漢字には適宜振り仮名を付けけて、分りやすくしている）。

私は第一次欧州大戦直後にドイツに行き、僅《わず》か二十四、五億円の金銀其他《そのた》を供出することによつてレンテンマルクという新札が発行され、あの恐ろしい天文学的数字と称されたドイツの大インフレが一夜のうちに片づいてしまつたことは目の前で体験しているのである。もし、われわれが隠退蔵されたダイヤモンドにより、金銀塊《きんぎんかい》により、そういうような手を打つことができれば日本のためにどれだけ幸福だかわからない。隠退蔵物資の処理がインフレ克服にどれほど深い関係をもつかということを、皆さんは深く認識してもらいたい。

「ミネルヴァの梟《ふくろう》は闇深まりて初めてその飛翔を開始する。」[121]というのは、ドイツの哲学者ヘーゲル（Georg Wilhelm Friedrich Hegel 1770~1831）のあまりにも有名な言葉である。他の鳥が闇の深まる中に見通しを欠いて巣篭《すごも》りする時に、森の賢者の梟のみはランランと瞳を輝かして飛び発つのである。日本国内で物資不足のためにさまざまな問題が生じて、国民がそれによって苦しむ中で、その解決のために弘一は隠退蔵物資の摘発する行動を開始した。

15　隠退蔵物資の摘発(2)

戦後日本のすさまじいインフレーションを克服するために、世耕弘一が隠退蔵物資の摘発に全力を傾注したことは、従来からさまざまに語られてきたが、客観的史料でその全体像が明らかにされたとは言いがたい。だが、最近の調査の中で決定的史料を発見することに成功した。それは、早稲田大学中央図書館所蔵「隠退蔵物資等処理委員会」[122]と題する冊子のコピー史料である。これは、この委員会そのものの保管文書のコピーであろうと判断される。そこに収録されている史料は、以下のようなものである（西暦年に改めて記載する）。

①一九四七年一月二〇日岡山県警察本部長提出による旧海軍航空機製作所を引き継いだ機器製作所の「在庫資材調書」（一九四六年一二月調）

②「民間側報告ニ係ハル　隠退蔵物資　一覧」

③一九四七年二月二二日に弁護士提出による「宇都宮検事局ノ封印セル物資明細書」

④一九四七年一月八日京都《きょうと》地方裁判所検事正《ちほうさいばんしょけんじせい》提出による京都市の一倉庫会社の「在庫資材調書」（一九四六年一二月一六日現在）

⑤一九四七年一月八日京都地方裁判所検事正提出による京都市の一倉庫会社保管「隠匿物資報告書　明細控」(一九四七年三月一〇日現在)[123]

⑥「隠退蔵物資等処理委員会第一回会議開催の件」(一九四七年二月二一日)

⑦「隠退蔵物資等処理委員会名簿」

⑧「隠退蔵物資等処理要領案」

①では、普通鋼・特殊鋼・鉄鋼二次製品・銅及銅合金《どうおよびどうごうきん》・地金《じがね》・電線・鋲類《びょうるい》・軽合金・木材・油《ゆ》脂《し》塗料《とりょう》・燃料・雑素材《ざつそざい》・縫工材料《ほうこうざいりょう》・工具類・雑品類《ざっぴんるい》・部分品類《ぶぶんひんるい》・薬品のそれぞれの在庫高・六ケ月所要高・過不足高という欄を設けて整理され、たとえば普通鋼の在庫高は三、〇二六トン・六ケ月所要高は四、一四三トン・過不足高は一、八一三トンの不足となっている。

②では、品名・数量・場所・報告者(報告の月日も併記)という欄を設けて整理され、場所は隠退蔵物資として届けられた物資の保管場所、報告者は隠退蔵物資があることを届けた個人名が、報告日も併せて、記されている。品名は繊維類・衣類・金属および金属製品・生ゴム・紙類などで、数量はさまざまであり、報告者は延《の》べ一五人・一企業(埼玉県五人と一企業・長野県三人・大阪府一人・東京都三人・神奈川県一人・千葉県二人)となっている。

③では、品名・数量・場所・保管者という欄を設けて整理され、封印された物資の品名は石油製品(ガソリンや軽油など)・皮革類・帆布・製麻《せいま》・衣類・布地・ロープ・紙類・釘《くぎ》・植物油・アルコール・

パラシュート類などで、保管者は延べ二一人・一企業となっている。
④では倉所・品名・数量・価格・寄託者(=倉庫に物資を預けていた者)という欄を設けて整理されているが、隠退蔵物資や封印された物資は挙げられていない。
⑤によれば、以下の通りである。

京都地区
織物:四、四九三、糸:六、八九五、鉄銅製品《てつどうせいひん》:四五八、黄銅《おうどう》:一一、繊維屑《せんいくず》:二三(数量の単位表記は記載がないが、箱数であろうか)
「寄託者」は延べ九一の企業・組合など
山陰地区
織物:六、一四七、糸:七、五三五、鉄銅製品:四五八、黄銅:一一、繊維屑:二三、電球:三六、ゴム:五五五、錫:一〇、四二〇(数量の単位表記は記載がないが、箱数であろうか)
「寄託者」は延べ一四の企業・組合・官公庁など
滋賀地区
織物:一三、六五五、シャツ:三四、糸:二七六四(数量の単位表記は記載がないが、箱数であろうか)
「寄託者」は延べ六〇の企業・組合など

じつに生々しい記録であり、国民の経済生活安定のために、そこには弘一が直接・間接に摘発した物資も含まれている。そのような隠退蔵物資の摘発の実態について、弘一自身が、先に挙げた「隠退蔵物資摘発の真相」という論文で、以下のような二つの例を示している[124]。

栃木県のある所に隠退蔵物資が多くあるということで、情報提供者と弁護士と地方官庁に交渉したが、そのような品物はないと言うので、同県の検事局に直接活動を指示したところ、「約三億円ばかり」の隠退蔵物資が現れた。

京都府と滋賀県に莫大な隠退蔵物資があるとの情報に接し、「摘発指令」を出したが、地方官庁は「何もない」といって動かないので、京都の地方裁判所の検事正に依頼して調査した結果、「繊維製品、雑貨の約七億円をはじめとして、公定価格で約三十億円という莫大な物資が出てきた」のである。

栃木県における「約三億円ばかり」の隠退蔵物資というのが「隠退蔵物資等処理委員会」の③の史料にある物資であり、「公定価格で約三十億円」の京都府と滋賀県の隠退蔵物資というのが同じく⑤の史料における物資であろう。

このような弘一の真摯な摘発活動は、インフレーションに苦しむ民衆の共感を得て、②にあるような、社会正義にあふれた「民間報告」の存在はそれをよく物語っている。だが、荒廃した終戦直後の社会は負の側面もあり、弘一が出した「摘発指令」を勝手に偽造して私利をむさぼろうとして、罪を犯す者が出現した。もちろん弘一とはまったく無関係であったが、それらは結果的には、弘一による隠退蔵物資摘発の活動にマイナスの影響を与えることになったといえよう。

弘一の著書『私の心境』によれば、一九四七（昭和二二）年四月四日ころに、隠退蔵物資等処理委員会事務局の者から「私の出している指令書は弊害があるから中止するように上からの命令があった」と伝えてきた[125]。翌五日午前に石橋大蔵大臣に会って尋ねたところ、中止を命じたことはなく、弘一に一段と働いてもらうつもりであるとの返事であった[126]。翌六日に弘一は高瀬経済安定本部総務長官に会って尋ねたところ、指令書は「色々弊害があるのでやめてもらうようにしました」との返事であった。弘一はどのような弊害が具体的にあったのか尋ねたが、同長官は返事をしないばかりか、「今度は副委員長も皆官吏にしたい方針である」とさえ言った。弘一が「辞表」は書かないから「解職の理由は文書に明記して発表」してくれと言うと、同長官はそうすると答えて、その日の会見は終わった[127]。

ところが「四月十一日に至り、既に選挙区に出発した後の留守宅へ単に都合に依り副委員長を解くとの辞令が配達されたのである」[128]。隠退蔵物資等処理委員会副委員長の職からの解任という形で、弘一の隠退蔵物資摘発の活動が制限を加えられたのは、当時の官僚の妨害によるものであるというのが、弘一の認識のようである[129]。

このように隠退蔵物資等処理委員会副委員長としての活動は、弘一にとって不本意な結果で終わり、隠退蔵物資等処理委員会そのものも一九四七年七月三一日の閣議によって廃止とされ、翌八月一日にその指令が出された[130]。だが、弘一の志《こころざし》はけっして無に帰したわけではない。と言うのも、その後も経済安定本部によって調査は行われ、一九四七年九月三〇日現在の経済安定本部による「潜在物資摘発実績調」に従えば、ガソリン六、八六〇立方メートル、重軽油六、八四六立方メートル、鉄鋼材九九三、九七六キログラム、化学製品一七六、〇〇〇キログラムなどの多種の大量の「潜在物資」が摘発されているからである[131]。

16　戦後の政党再編成の中で

一九四七（昭和二二）年四月二五日に「日本国憲法」（一九四六年一一月三日公布）のもとで、はじめて行われた第二三回衆議院総選挙に世耕弘一は和歌山県二区で日本自由党公認として立候補し、三二、九九〇票を獲得して当選した[132]。衆議院では日本社会党は一四三議席、日本自由党は一三一議席、民主党は一二六議席などとなったが、いずれも過半数に達しなかった[133]。そのために日本社会党が民主党・国民協同党と連立して片山哲内閣（一九四七年五月二四日〜一九四八年三月一〇日）が成立した[134]。一九四八年三月一五日に日本自由党は民主クラブと合同して、民主自由党（一五二議席）を形成したが、弘一は同志五人とともにそれには参加しない声明を発表した[135]。

片山内閣は社会党左右両派の抗争などもあり、一九四八年二月一〇日に総辞職した。三月一〇日に民主党の芦田均《あしだひとし》が日本社会党・国民協同党と連立して内閣(一九四八年三月一〇日〜一九四八年一〇月一五日)を形成した[136]が、昭和電工事件という贈収賄事件で一〇月七日に同内閣は倒壊した[137]。そのために、民主自由党の吉田茂が少数与党の内閣である第二次吉田内閣(一九四八年一〇月一五日〜一九四九年二月一六日)を形成したが、はやくも一二月二三日には衆議院を解散し、翌四九年一月二三日に第二四回衆議院総選挙を実施した。その結果、民主自由党は勝利を収め、二六四議席となり単独過半数に達し[138]、しかもその中には多数の高級官吏出身の新議員(例えば、後の総理佐藤栄作)が含まれていた。かくして、二月一六日に第三次吉田内閣が成立した[139]。

政権を得るのを目的とした政党合同を潔くしない弘一は、一〇人の同志と新自由党を結成して、その委員長となって選挙に臨み、弘一自身は三〇、六一二票を得て和歌山二区で一位当選を果たしたが、同党は一一人の候補のうち弘一を含む二人のみが当選した[140]。そこで、弘一は政治上の考えの近い七人の議員とともに公正クラブ(二月一一日形成)に所属して[141]、国会において精力的な活動を再開し、衆議院本会議で五回、衆議院の諸委員会で七四回も発言している(一九四九年八月から一九五二年七月まで)[142]。

この当時はアメリカとソ連をそれぞれ中心とする東西両陣営の間の「冷戦」が激化した時期でも

あったので、日本は安全保障の上からも講和条約をアメリカ中心の陣営と結ぶ方向性を結果的にとり[143]、そのために吉田首相は民主党側に保守勢力の合同を粘り強く働きかけた。一九五〇年三月一日に民主党の衆議院議員二一名（参議院議員は五名）と民主自由党は合同し、衆議院議員二八八名を擁する自由党が成立した[144]（第二次保守合同《だいにじほしゅごうどう》）。同年六月二五日に朝鮮戦争が勃発し、日本はアメリカ軍主体の国連軍の補給基地としての生産活動が活性化し、それが以後の経済成長の契機となった[145]。一九五一年には日本の鉱工業生産は一九三四〜一九三六年の平均にまで回復した[146]。そして、一九五〇年八月一〇日には警察予備隊令が公布され[147]、一九五一年九月八日にはサンフランシスコで対日講和条約が四九カ国（日本を含む）によって調印されたが、ソ連などの三カ国は調印を拒否した[148]。

17　鳩山内閣樹立に向けて

一九五〇年一〇月一三日に一〇、〇九〇人の公職追放がまず解除され、一九五一年六月二〇日の第一次公職追放解除によって二、九五八人が、八月六日の第二次公職追放解除によって鳩山一郎など一三、九〇四人が解除された[149]。こうして、鳩山・石橋湛山・三木武吉《みきぶきち》（一八八四〜一九六五）・河野《こうの》一郎《いちろう》（一八九八〜一九六五）といった党人派政治家が国政の場に復帰してくる。鳩山は吉田に自由党総裁の地位を戻すように要求したが、吉田は受け入れなかった。そこで、三木たちは鳩山を中心にして新党結成の動きを示したが、鳩山が病に倒れたために、自由党に戻り反吉田運動を展開した[150]。

そうした状況に対応して、吉田は一九五二年八月二八日に抜き打ち解散をして、一〇月一日第二五回衆議院総選挙を実施した[151]。世耕弘一は和歌山二区でふたたび新自由党の名を掲げて立候補したが、わずかに及ばず二七、三二七票で次点に止まった[152]。自由党は衆議院で過半数の二四〇議席を確保して第四次吉田内閣が成立したが、その直後に二四二人となった自由党の衆議院議員内で鳩山派六四名は結束を強めた（「民主化同盟」の結成）[153]。

戦前の民政党の流れを汲む改進党は八五議席、社会党右派は五七議席、社会党左派は五四議席を占めたために、吉田内閣は不安定な状態になっていった。そうした中で、一九五三年二月二八日に衆議院予算委員会で吉田首相が暴言を発したことを契機にして、左右社会党が中心で提出した内閣不信任案が三月一四日に可決され、衆議院は解散された[154]。

四月一九日の第二六回衆議院総選挙で自由党は一九九議席、改進党は七六議席、分党派自由党（鳩山派自由党）は三五議席という結果になった[155]。弘一は和歌山二区で分党派自由党から立候補して三九、一三六票を得て、当選した[156]。その結果、第五次吉田内閣が成立したが、過半数を得ていないので不安定であった。そこで、吉田側は分党派自由党に復党を働きかけ、一一月一七日の吉田・鳩山の会談の結果、復党となった。同月二九日の分党派自由党の会合の結果、同党衆議院議員三四人の中の三木武吉ら八人は別に日本自由党を結成し、弘一を含む鳩山・石橋ら二五人は復党し、三人は未定ということになった（三人は後に復党決定）[157]。

一九五四年四月に吉田首相が「造船疑獄《ぞうせんぎごく》」で自由党幹事長の逮捕に指揮権発動を行使したことを契機にして、反吉田運動は保守合同の動きもあって盛り上がり、一一月二三日に鳩山を総裁とする日本民主党が結成されて、衆議院議員一二一名・参議院議員一九人が参加し、吉田内閣との対決姿勢を明らかにした[158]。一二月六日に民主党・左右両派社会党が共同で内閣不信任を提出し、翌七日吉田内閣は総辞職した[159]。弘一は同年一二月九日に自由党を離党し、即日民主党に入党した[160]。

この結果、自由党は一八五議席、民主党は一二一議席となった[161]。翌一〇日、第一次鳩山内閣は成立した。弘一は日本の政治の安定には吉田と鳩山の関係改善のために両者のもとに足しげく通っていた[162]が、鳩山の日記によれば[163]、弘一は同年五月に一回・六月に五回・七月に七回・八月に一回・九月に七回・一〇月六回（一日二回の日もあり）・一一月に六回・一二月（一〇日まで）六回（一日二回の日もあり）も鳩山を訪れている。また、吉田宛に弘一が出した一九五四年一二月二五日付葉書（「紀州勝浦《きしゅうかつうら》」発信）[164]を見出すことができた。その現代語訳は以下のとおりである。

謹啓　はるか旅行中に敬意を表します。過般《かはん》はお手紙に接し、深く感謝します。一九日以来帰郷致しまして、選挙区を一巡しました。月末には帰京する心構えであります。いずれお会いする折

に、機会があれば色々申し上げたく存じます。寒さに向かいますので、お体ご自愛願いたく存じます。匆々《そうそう》

鳩山内閣実現のために、弘一が鳩山を訪れるだけではなくて、吉田と鳩山の融和を目指して手紙や訪問などによって吉田との接触を保っていたことが、覗えるのである。

この時期で注目すべき弘一の国会での活動（一九五三年五月から一九五四年四月まで）として、衆議院の本会議で一回、諸委員会で二四回発言しているのが確認できる[165]。

18 鳩山内閣のもとで

第一次鳩山内閣は半年以内に衆議院総選挙を行うとの条件で成立した暫定的なものであったので、一九五五年二月二七日に第二七回衆議院総選挙が実施され、世耕弘一は和歌山二区で日本民主党から立候補し、三三、八〇四票を得て当選を果たした[166]。民主党は一八五議席を得るも、過半数に届かなかった[167]が、第二次鳩山内閣が成立した。自由党は一一二議席（後に一一四議席）、左派社会党は八九議席、右派社会党は六七議席であった[168]。この選挙で左右両社会党は議席数を増やし、同年一〇月一三日には再統一して社会党が成立したことは[169]、保守合同に弾みをつけることになる。そ

の結果、民主党・自由党はともに解党して、一一月一五日に自由民主党が結成され、衆議院議員二九八名・参議院議員一一八人が参加した[170]。それはいわゆる五五年体制[171]の出現を意味した。かくして、衆議院で過半数を占める自由民主党を基盤とした第三次鳩山内閣が一一月二二日に成立した[172]。鳩山内閣は翌五六年一〇月の「日ソ共同宣言」調印、一二月の日本の国際連合加盟を果たした直後に総辞職した（一二月二〇日）[173]。

次の自由民主党総裁に、官僚出身ではなく自由主義的な石橋湛山が選ばれて、同年一二月二三日に石橋内閣が成立した。だが、石橋は病気にかかり、一九五七年二月二三日に同内閣は総辞職した[174]。弘一の願いがかなって、長年の盟友とも言うべき鳩山一郎・石橋湛山が内閣を形成したが、いずれも体調不良・病気のため長期政権とは成りえなかった。石橋のあとには官僚出身の岸信介が自由民主党総裁に選ばれて、一九五七年二月二五日に第一次岸内閣が成立した[175]。

この時期、弘一は衆議院法務委員長として大活躍しており、国会では（一九五五年三月から一九五八年二月まで）衆議院の本会議で六回、委員会で六二回も発言している[176]。衆議院法務委員長としての活動は衆議院内に止まらず、一九五五年五月一九日には東京拘置所の実情視察を行う[177]などの多彩な活動を展開した。

19　経済企画庁長官・国務大臣として

一九五八年四月二五日に衆議院は解散され、五五年体制のもとでの最初の衆議院総選挙選挙（第二八回衆議院総選挙）が五月二二日に実施された。弘一は和歌山二区で自由民主党から立候補して四二、一〇六票を得て、八回目の当選を果たした[178]。自由民主党は二八七議席、社会党は一六六議席という結果となり、六月一二日に第二次岸内閣が成立した[179]。岸首相は自由民主党と社会党の激しい対立の中で、日米安全保障条約の改定を目指した。だが、自由民主党内では主流派（岸・佐藤・大野・河野各派）と反主流派（池田・石井・三木・石橋各派）が厳《きび》しく対立していた[180]。

岸首相の政権運営が強引であるとして、反主流派に属する三人の閣僚（その中の一人は経済企画庁長官・国務大臣三木武夫）は一九五八年一二月二七日に辞任した[181]。三人の後任選定で主流派と反主流派の交渉がなされ、特に経済企画庁長官・国務大臣の人事が難航する中で弘一が選ばれた。弘一の政治家としての見識・力量を高く評価していた石井《いしい》光治郎《みつじろう》（一八八九〜一九八一）の回顧によれば、組閣について岸から相談を受けた石井が、弘一を入閣させるように薦《すす》め、岸も賛成したのである[182]。

東京を離れていた当《とう》の弘一は一九五九年一月一二日午後八時に特急「はと」で東京駅に着き、「最後尾の展望車からグレーのオーバー、ソフトを片手にして世耕新経済企画庁長官が姿を現わした」[183]。その時の讀賣新聞社記者のインタビューへの答えによると、「さる十日から大阪に出かけ、大臣に任命されるとはツユ知らず、この日の午後「帰りの汽車が名古屋を通過するころ電報がきて、おどろきました」ということであった[184]。抱負を聞かれると、弘一は「正式に聞くまでは…」と前置きして、「経企庁の仕事はむずかしい。レーダーみたいなものだから、日本経済のあらゆる面をキャッチして安定を図りたい」と答え、総理大臣官邸に直行して、そこの大臣応接室でモーニングに着替えて認証式に赴いた[185]。

第二次岸内閣は、安全保障条約問題もあって、その後も不安定であり、同一九五九年六月一八日に閣僚のほとんどを替える内閣改造が避けられないものとなり、弘一もその職を後任に譲った。国会での活動（一九五九年一月から一九六〇年四月まで）は、衆議院の各本会議で八回・参議院の本会議で二回、諸委員会で二八回発言した[186]。経済企画庁長官・国務大臣としての発言は異彩を放っており、岸の証言によれば[187]、弘一は非常に剛直な政治家でありながら、和気《わき》に富んでおり、難しい局面をよく打開した。また、経済企画庁の本質を踏まえた政務に精励しただけではなくて、職員の働きやすい環境整備にも心を砕いた[188]。一九六〇年四月五日に衆議院の法務委員会で発言したのが[189]、結果的には衆議院での最後の発言となったと思われる。

弘一は、一九六〇年一一月二〇日に実施された第二九回衆議院総選挙では和歌山二区で自由民主党から立候補して四二、五二六票で次点となり[190]、さらに一九六三年一一月二一日実施の第三〇回衆議院総選挙でも和歌山二区で自由民主党から出て五〇、〇〇九票を得るも次点であった[191]。

政治とは「情熱と判断力」をもって固い板に粘り強く穴をあけるような営みであり、厳しい現実世界にも挫けず、どんな状況に直面しても「それにもかかわらず！」と言いえる者のみが政治において天職を持つというのは、ドイツの社会学者・政治学者マックス・ヴェーバー（Max Weber 1864～1920）の講演『天職としての政治』（Politik als Beruf）[192]における、非常に有名な言葉である。そこには、弘一は粘り強く国民の幸福を実現しようとして、政治家の天職を全うしたことが、よく表れている。

一九六五年四月二十七日に東京で病没した世耕弘一は、従三位に叙せられて勲一等瑞宝章を授与され、同月二十八日に「特旨を以て位記を追贈」[193]されたが、それは以上述べてきたような、戦前・戦中・戦後を一貫した穏健な自由主義政治家としての弛《たゆ》まぬ活動が、認められたことを意味するのであろう。

20 近畿大学の創設者として

ここでは、弘一によって近畿大学が創設された過程を一次史料によって概観し、大学人としての弘一の理念をいささか探りたい。一九四七（昭和二二）年三月三一日に学校教育法が公布され、六・三・三・四制の単線型の教育制度が打ち出された[194]。一九四八年度には一二の新制の私立大学が、翌四九年度には八一の私立大学が創設された[195]。したがって、一九四八年度には文部省への新制私立大学の設置申請が多くなされていったのである。

国立公文書館所蔵の「近畿大学　大阪　第四冊」（整理番号は文部省・六〇文・一〇二六・七二九）という簿冊には、世耕弘一が一九四八年二月二八日に文部省に提出した「近畿大学認可申請書」が収録されている。この申請書の「第一　近畿大学設立要項」の「一　目的及使命」では「大阪理工科大學ニ大學予科竝《ならび》ニ大阪専門學校ヲ學術ノ中心トシテ廣《ひろ》ク智識ヲ授ケルトトモニ深ク専門ノ學藝ヲ教授研究シ智的道徳的並ビニ応用的能力ヲ展開サセ以ッテ人類文化ノ向上ニ資スルコトヲ目的トスル」（ここでは原文のままに引用したが、ただし読みやすくするために、適宜振り仮名を付けた）と、近畿大学の設立の目的・使命が高らかに掲げられている。この簿冊に、弘一による近畿大学「設置」および「学部増設」などの「申請」の「認可」文書を見出すことができた[196]。それが、以下の①〜④である。

①「新制大学設置認可について」（文書日付：昭和二四年二月二八日・文書番号：校学一〇九号）[197]
②「新制大学設置認可について」（文書日付：昭和二四年四月二〇日・文書番号：校学二二二号）[198]
③「二部認可について」（文書日付：昭和二四年四月二〇日・文書番号：校学二二三号）[199]
④「学部増設の認可について」（文書日付：昭和二五年三月一五日・文書番号：校管八四の四号）[200]

右記の①〜④のそれぞれに収録されている「認可指令案」において記されている「学部」と認可日付だけを、ここで挙げれば、次のようになる。

①では一九四八年二月二八日付で申請された「近畿大学理工学部」の設置が一九四九年二月二一日付で認可された。

②では一九四八年七月三〇日付で申請された「近畿大学商学部」の設置が一九四九年三月二五日付で認可された。

③では一九四八年七月三〇日付で申請された「近畿大学商学部・理工学部第二部」の設置が一九四九年三月二五日付で認可された。

④では一九四九年九月一〇日（八月三一日を消去）付で申請された「近畿大学学部増設」が認可された（日付欄に記載なし）。そして「法学部　第一部　法律学科　法学部　第二部　法律学科」との注記がある。

法学部の設置年月日については、「近畿大学　大阪　第四冊の二」（整理番号は文部省・六〇文・一〇一六・七三〇）という簿冊に収録の一九五一年一〇月一五日付の「近畿大学大学院設置認可申請書」（商学研究科・化学研究科）に添附された、近畿大学の「沿革の大要」に触れた文書で、「昭和廿五年三月一日法学部法律学科（一部、二部）認可」と記されている201。

②に含まれている文書で注目すべきことは、当初は「法経学部」として申請されていたのを「商学部」に「組織変更」する、弘一自筆の許可願いが存在する点である。そのために理工学部の設置認可よりも、商学部の設置認可が後になったのであろう。また、創設からわずか約半年後に、④にある

ように法学部が増設申請されたのは、そうした点に関連すると思われる。このように一次史料を発見して解読することによってのみ、弘一による近畿大学創設の詳細な過程も、はじめて明らかになるのである。

また、ここで注目されるのは、弘一によって創設された時の近畿大学のどの学部（その直後に増設された法学部も含めて）第二部が併設されていることであり、これによって働きながら大学で学ぶことが可能されており、それは厳しい労働と大学への勤勉な通学を続けた弘一の体験に裏打ちされたものだったのであろう。一九六五年四月二七日に逝去するまでに、弘一はさらに学部だけでも一九五四年には薬学部を、一九五八年には農学部を、一九五九年には呉市に工学部を設置した。そのような近畿大学の発展により大学での学びを志向する人すべてにそれを実現させたいという、大学人としての弘一の理念[202]が、そこには生きているのであろう。

世耕弘一は自己の理念に基いた近畿大学のこのような発展を通じて大学教育において貢献したことが認められ、一九六三年十月一日に「早くから教育に意を注ぎ近畿大学総長として常に施設の充実を図って専心子弟の育成に努めた教育の振興に寄与」[203]したとされて藍綬褒章《らんじゅほうしょう》を受章した。

注

第Ⅰ部

1　回想世耕弘一編纂委員会編『回想世耕弘一』（回想世耕弘一刊行会一九七一年）三二九～三三五頁に収録された「世耕弘一年譜」に依拠した。以後、本書は『回想世耕弘一』と略称する。

2　『紀《き》伊《い》東《ひがし》牟《む》婁《ろ》郡《ぐん》誌《し》　下巻』（和歌山県東牟婁郡役所編、一九一七年刊）一〇三頁によれば、同校は「志貴屋尋常小学校」という名称で一八七八年四月に西敷屋村に設立され、その当時は教員一人、男子児童二二人・女子児童五人であった。以後、本書は『紀伊東牟婁郡誌　下巻』と略す。

3　『回想世耕弘一』三二九頁。

4　文部科学省ホームページ（http://www.mext.go.jp）、白書・統計・その他、『学制百年史』第一編第二章第二節「一　小学校令の制定」の「最初の小学校令」。

5　同『学制百年史』第一編第二章第二節「一　小学校令の制定」の「明治二十三年の小学校令」。

6　同『学制百年史』第一編第二章第二節「二　小学校制度の整備」の「明治三十三年の小学校令」。

7　同『学制百年史』第一編第二章第二節「三　義務教育年限の延長」の「義務教育六年制の成立」。一九〇七年三

月二〇日の勅令五二号によって、一九〇八年四月からの「義務教育年限の延長」とされている。

8 佐藤信・五味文彦・高埜利彦編『改訂版 詳説日本史研究』（山川出版社 二〇一〇年）四八一頁。以後、本書は山川『詳説日本史研究』と略称する。学制上は、あくまで専門学校であるが、「大学」を称する私立の専門学校も出てくる。「大学令」施行（一九一九年）後の高等教育制度については第I部4を参照のこと。

9 『紀伊東牟婁郡誌 下巻』一〇八頁。

10 『紀伊東牟婁郡誌 下巻』一〇九頁。

11 『紀伊東牟婁郡誌 下巻』一〇九頁。

12 『紀伊東牟婁郡誌 下巻』一〇九頁。

13 『紀伊東牟婁郡誌 下巻』一〇九頁。

14 『紀伊東牟婁郡誌 下巻』一二一頁。

15 『紀伊東牟婁郡誌 下巻』一二一頁。

16 『紀伊東牟婁郡誌 下巻』一二一頁。

17 文部科学省ホームページ（http://www.mext.go.jp）、文部省調査局編・監修『日本の成長と教育』（一九六二年版）第二 章二の「（三）中等教育の普及と女子教育の振興」。

18 『回想世耕弘一』三二九頁。大湊《おおみなと》材木店（正確には、大湊木材株式會社）の所在地は、東京市深川区豊住二〇九で、電話番号は本所三、三三三であった（『職業別電話帳 東京之部 大正十一年版』日本商工通信社 一九二二年一〇二二頁）。

19 木下宇陀児著『土性骨風雲録《どしょっぽねふううんろく》 教育と政治の天下人 世耕弘一伝』（鏡浦書房 一九六七年）七一頁 以後、

この本は『土性骨風雲録』と略称する。

20 『回想世耕弘一』三二九頁。

21 山川『詳説日本史研究』三七五頁、三七七頁。

22 『回想世耕弘一』二三二頁。

23 正則英語学校は、英語学者・教育者の斎藤秀三郎（一八六六〜一九二二）によって、一八九六年に東京の神田錦町に創設された。臼田卯一郎『最近學校評論』（秋霜社　一九〇六年）二一四〜二一五頁（国立国会図書館デジタルコレクション）。『土性骨風雲録』一八三〜一八四頁。同書一九二頁には、弘一が勤務したのは市電「上富士前」（駒込）の「かどや」とされているが、当時の史料（『職業別電話帳　東京之部　大正十一年版』などの当時の電話帳にある「宿車」、つまり人力車営業の項目）では、これに合致するものは今のところ見出せない。

24 「苦学」に関する資料ということで、国立国会図書館サーチでの検索結果である。

25 文部科学省ホーム・ページ、『学制百年史』三　義務教育年限の延長。

26 同右。

27 竹内洋『立志・苦学・出世　受験生の社会史』（講談社　二〇一五年）一二八頁。この竹内著では苦学の指導書についての重要な点が指摘されてはいるが、その典拠は網羅的に十分には掲げられていない。

28 東京實業研究會編『東京苦學成功法　附録東京立身就職の手引（大成社發行　一九一五年）四十五頁。

29 前掲書四六頁。

30 例えば、篠原静交『独立自活　東京苦學の栞　全』（山岡商會出版部　一九〇九年）。

31 一九〇六年三月二七日に「専門学校令」が公布された。文部科学省ホームページ（http://www.mext.go.jp）、白書・

統計・その他、『学制百年史』第一編第二章第四節「三　専門学校の制度化と拡充」。弘一が進学した当時の日本大学は、法的にはこの「専門学校令」による専門学校であり、予科（二年）・大学部（三年）という構成になっていた。

32 一九〇三年三月三一日専門学校入学者検定規程が定められた。男子満一七才以上、女子一六才以上の独学者がこれに合格すれば、中学校を卒業していなくても、専門学校に入学することを認めたものであった。後の「高等学校卒業程度認定試験」に相当する。文部科学省ホームページ。

33 臼田卯一郎前掲書二一五頁（国立国会図書館デジタルコレクション）。

34 受験世界編輯部編纂『専門學校入学者検定受験指針』（弘文堂　一九一六年）一三頁（国立国会図書館デジタルコレクション）。

35 東京都立日比谷高等学校所蔵の大正七年二月実施「第十六回専門學校入学者試験検定問題　東京府立第一中學校」・大正七年二月「第十六回専門學校入学者試験検定受験者點検名簿　東京府立第一中學校」・大正七年二月「第十六回専門學校入学者試験検定書類　東京府立第一中學校」を閲覧し、これらの解読・分析した結果である。

36 浅田毅衛「大衆社会の成立と夜間部教育の成立」（『明治大学史紀要』第二号　一九八二年）を主に参照した。日本大学百年史編纂委員会編『日本大学百年史』第二巻（日本大学　二〇〇〇年）四～五頁。以後、本書は『日本大学百年史』と略す。

37 『日本大学百年史』第二巻三頁。

38 一八五六～一九二一年。一九〇〇年に立憲政友会の幹事長となり、一九一九年に首相をなったが、一九二一年に在職中に東京駅で暗殺された。

39　歴史学研究会編『日本史年表　増補版』（岩波書店　一九九三年）二六九頁。以後、本書は岩波『日本史年表』と略称する。
40　一八六一～一九三四。一九一六～一九三二年間衆議院議員を務め、この間に文部大臣・商工大臣・内務大臣を歴任した。
41　『日本大学百年史』第二巻三頁。
42　『官報』一九〇三号（一九一八年一二月六日）（国立公文書館デジタルコレクション）。
43　『日本大学百年史』第二巻二頁。
44　『官報』一九〇三号（一九一八年一二月六日）（国立公文書館デジタルコレクション）。
45　『官報』一九〇三号（一九一八年一二月六日）（国立公文書館デジタルコレクション）、『日本大学百年史』第二巻一八頁。
46　『官報』二二五一号（一九二〇年二月六日）（国立公文書館デジタルコレクション）。
47　『官報』二三〇九号（一九二〇年四月一六日）（国立公文書館デジタルコレクション）。
48　『日本大学百年史』第二巻一八頁～一九頁。
49　『日本大学百年史』第二巻三九頁。
50　大学設立裁可の史料に添付されている慶応大学、早稲田大学、日本大学の申請時の参考文書料（『公文類聚』第四四編大正九年・第二四巻・学制：アジア歴史資料センター：レファレンスコード：A13004623O, A13004624O, A13004625O）。
51　一八七六～一九六八年。長野県出身。一八九九年、日本法律学校（のちの日本大学）卒業。判事となり、一九〇六～一九〇九年間にドイツ留学。その後、司法省行刑局長・内務省警保局長・關東長官などを歴任。そのかたわら日本大学教授・同大学の学長・総長などを歴任。山岡の経歴は、おもに細島喜美『人間山岡萬之助傳』（講談社　一九六四年）収録の「略歴譜」に依拠した。

52 桜門文化人クラブ編『日本大学七十年の人と歴史』第一巻（洋洋社　昭和三五年）二四八～二四九頁。以後、本書は『日本大学七十年の人と歴史』と略す。

53 一八四六～一九二三年。阿波国出身。徳島藩、さらに明治政府に出仕して司法官となり、検事総長・内務次官などを歴任。その後、貴族院議員となり、農商務相も務めたが、関東大震災で死去。

54 『日本大学百年史』第二巻三九頁。

55 『日本大学七十年の人と歴史』第一巻二四八頁。

56 一八九五～一九六八年。一九二三年、ドイツ留学。後の日本大学総長。

57 『日本大学百年史』第二巻一二七頁。

58 『日本大学七十年の人と歴史』第一巻二五〇頁。

59 『日本大学百年史』第二巻一二四頁。

60 日本大学百年史』第二巻一二四頁。

61 『日本大学百年史』第二巻一二五頁。

62 一八九一～一九五〇年。衆議院議員を務めたのちに、一九四三～一九四六年間に姫路市長を務めた。

63 『日《に》本《ほん》法《ほう》政《せい》新《しん》誌《し》　日本大學祝賀記念號《ごう》』（第一七巻第六号　法政学会発行　一九二〇年六月）の冒頭に収録されている（近畿大学中央図書館所蔵）。

64 前掲書一六六頁。

65『日本法政新誌』(第一七巻第一二号)一二三頁。

66『日本法政新誌』(第一六巻第六号)七八頁。

67『日本法政新誌』(第一六巻第一二号)九六頁。

68『日本法政新誌』(第一七巻第一〇号)九九頁。

69『日本法政新誌』(第一七巻第一一号)七四頁。

70『日本法政新誌』(第一七巻第一二号)一二五頁。

71『日本法政新誌』(第一八巻第四号)一一七頁。

72『日本法政新誌』(第一八巻第四号)一一八頁。

73『日本法政新誌』(第一八巻第六号)九七頁。

74『日本法政新誌』(第一八巻第一二号)一七七頁。

75『日本法政新誌』(第一七巻第三号)一五四頁。その他にも、一九二三年五月一一日付『日大新聞』(五〇号)によれば、「擬国会」つまり模擬国会で弘一は内閣総理大臣を務めることになり、「初閣議」を行った。

76「大正十二年度日本大學卒業生氏名」(『日本法政新誌』第二十巻第六號[一九二〇年六月]収録)二一〇頁に「大學部法律科」「世耕弘一(和歌山)」とある。

77「朝日社報」五八号(一九二三年四月二〇日印刷)(朝日新聞社社史編修センター(大阪)所蔵)によれば、朝日新聞東京本社の試験日は三月一七日、同大阪本社の試験日は三月二三日となっている。

78『土性骨風雲録』二三六頁。

79 『土性骨風雲録』二三六～二三七頁。

80 一八七九～一九四一年。朝日新聞東京本社で政治部長（一九二〇～一九二二）、経済部長（一九二二～一九二九）など歴任した。許可を得て、朝日新聞社社史編修センター（大阪）所蔵の内部資料に依拠している。

81 桜門文化人クラブ編『日本大学七十年の人と歴史』（第二巻　洋洋社　一九六一）一二頁。

82 朝日新聞社社史編修センター（大阪）所蔵。

83 柳下宙子「戦前期の旅券の変遷」（外務省外交史料館『外交史料館報』第一二巻　一九九八年）四〇頁。

84 外務省記録三門八類五綱八号「海外旅券下付表」外務省外交史料館所蔵。

85 柳下前掲論文四九頁。

86 一九二三年八月一三日付『日大新聞』（第三十三号）（日本大学総合学術情報センター所蔵）。

87 山口英二郎編集兼発行『政友會総覧』（政友會総覧編纂所《せいゆうかいそうらんへんさんじょ》　一九三二年）六一頁。芳賀登・杉本つとむ・森睦彦編『日本人物情報体系』第二八巻（皓星社　二〇〇〇年）収録を利用した。

88 『日本大学七十年の人と歴史』第二巻一二～一三頁。

89 高山福良・原嶋亮二編『小林錡先生』（小林錡先生顕彰会発行　一九六三年）収録。

90 前掲書六頁。

91 トヨタ自動車ホームページ『トヨタ自動車七五年史』第二章第一節第一項「関東大震災と米国車輸入の増加」。

92 『公認　汽車汽船　旅行案内　大正十二年七月　第三四六号』（庚申新誌社・公益社・博文館三社合一九二三年七月一日刊行）の復刻版（一九七二年　筑摩書房）二二九頁。以後、本書は『公認　汽車汽船　旅行案内　大正十二年七月　第三四六号』と略称する。

93　荒木康彦所蔵。
94　『日本大学七十年の人と歴史』第二巻。
95　『土性骨風雲録』二四七頁。
96　*THE JAPAN CHRONICLE, WEEKLY COMMERCIAL SUPPLEMENT* (KOBE THURSDAY SEPTEMBER 13TH, 1923) 大阪府立中央図書館所蔵。
97　日本郵船株式会社発行『日本郵船戦時船史』(上巻　一九七一年)二二六頁。
98　近畿大学建学史料室所蔵。
99　「神戸市地圖　付西灘村」(向永寅吉著作印刷兼発行　一九二三年)近畿大学建学史料室所蔵。
100　高山福良・原嶋亮二編前掲書『小林錡先生』六頁。
101　『公認　汽車汽船　旅行案内　大正十二年七月　第三四六号』二二九頁。
102　『公認　汽車汽船　旅行案内　大正十二年七月　第三四六号』二二九頁。
103　高山福良・原嶋亮二編前掲書六頁。
104　『日本郵船株式會社創立三十年記念帳』(一九一五年刊行)近畿大学中央図書館所蔵。
105　高山福良・原嶋亮二編前掲書六頁。
106　『渡歐案内』(近畿大学建学史料室所蔵)一五頁。この小冊子には、刊行年月日は印刷されていないが、「大正十三年五月現在」の為替レートが二頁目に印刷されているので、一九二四年の刊行と判断される。以後、この小冊子は『渡歐案内《とおうあんない》』と略す。
107　*Meyers Grosses Konversations-Lexikon*, 6. Aufl., Bd. 13., Leipzig und Wien 1906. Marseille の項目の折り込み地図。

108 『歐洲大陸旅行日程《おうしゅうたいりくりょこうにってい》』（一九二五年一二月二六日印刷　一九二五年一二月二六日發行　一九二七年二月二二日再版）（近畿大学建学史料室所蔵）以後、本書は『歐洲大陸旅行日程』と略す。

109 『歐洲大陸旅行日程』四一頁。

110 『歐洲大陸旅行日程』四一頁。

111 『歐洲大陸旅行日程』一頁。

112 一九二四年にパリに留学していた法哲学者恒藤恭《つねとうきょう》（一八八八〜一九六七）の日記によると、かれは六月二〇日に旅行中のミラノで（『大阪市立大学恒藤恭記念室編『恒藤恭記念叢書3』大阪市立大学大学史料室発行二〇一三年、六二頁）、八月一日にパリで（同七一頁）トマス・クック社を利用している。

113 『歐洲大陸旅行日程』三〇頁。

114 神田喜一郎・内藤乾吉編『内藤湖南全集』第六巻（筑摩書房　一九七二）四七五頁。

115 前掲『恒藤恭記念叢書三』三六頁。

116 近畿大学建学史料室所蔵。

117 「百年の鉄道旅行　Stations in Berlin　ベルリンの駅　Anhalter Bahnhof　アンハルター駅」http://www5f.biglobe.ne.jp/~travel-100years/travelguide_319.htm

第II部

1 一九二七（昭和二）年に渡欧した哲学者和辻哲郎《わつじてつろう》は、同年四月十八日付妻宛書簡（ベルリン発信）で、同月一六日に「大使館へ行つて」日本からの二通の書簡を受け取ったと記している（『和辻哲郎全集』第二五巻（岩波

書店　一九九二年）二一二頁。以後、本書は『和辻哲郎全集』と略称する。）。一九二二（大正一一）年七月にベルリンに赴いた阿部次郎《あべじろう》も「私は伯林《べるりん》にゐる間、たびたび大使館に手紙をさがしに行つた。」と、「游欧雑記《ゆうおうざっき》独逸《どいつ》の巻《まき》」（『阿部次郎全集』第七巻（角川書店　昭和三六年）三五三頁）において記している。和田博文・真鍋正宏・西村将洋・和田桂子共著『言語都市ベルリン　一八六一―一九四五』（藤原書店　二〇〇六年）三九一頁に、この事務室について簡潔に紹介されている。以後、本書は『言語都市・ベルリン』と略称する。

2　神田喜一郎・内藤乾吉編『内藤湖南全集』第六巻（筑摩書房　一九七二年）四七四頁。

3　野一色利衛《のいしきとしえ》著『獨逸案内』（歐州月報社　一九三六年）一九頁。

4　前掲書収録「獨逸日本人會」の広告頁、三八七頁。『言語都市・ベルリン』三八七頁。

5　和辻哲郎は妻宛一九二七年五月五日付書簡で同年四月三〇日に「夕食をたべに日本人会に行き、新聞を少しよんだ。大阪朝日丈《だけ》は十六日迄《まで》のが来てゐたが、これは中々《なかなか》開《ア》かないので読むわけに行かなかつた。仕方がないので、三月中頃から四月十三日頃までの、朝日と毎日の夕刊のつゞきものをよんで帰つて来た。」と述べている（『和辻哲郎全集』第二五巻二三三～二三四頁）。ここに引用した史料は、読みやすくするために、適宜振り仮名を付けた。

6　外務省外交史料館所蔵資料K三門三類七項〇項一一号「昭和六年在外邦人諸団体関係一件　三」収録「公第二八九号」。この場所がノレンドルフ広場（Nollendorfplatz）に近接していたので、ベルリン在住の日本人はノレンドルフの「日本人倶楽部」ないし「獨逸日本人會」と呼んでいたようである（吉田勘三・高山福良編『原惣兵衛の横顔』（原惣兵衛先生顕彰会　一九六三年）一一四頁）。『言語都市・ベルリン　一八六一～一九四五』三八七頁に、この日本人会について簡潔に紹介されている。

7　桜門文化人クラブ編『日本大学七十年の人と歴史』第二巻一三～一四頁。
8　『日本大学七十年の人と歴史』第二巻一四頁。
9　世耕弘一著『Deutsche Sprach-und Stillehre　獨逸語並に文體論』（寶文館　一九二七年）は国立国会図書館デジタルコレクションを利用して閲覧した。
10　有澤廣巳著『ワイマール共和国物語』上巻（東京大学出版会　一九七八年）二三六頁。
11　有澤著前掲書二八〇～二八二頁。
12　有澤著前掲書二八二～二八三。Hrsg.von Verlag Ploetz, *Der Grosse Ploetz: Auszug aus der Geschichte von den Anfängen bis zur Gegenwart*, 31. aktualisierte Auflage, Freiburg・Würzburg 1991, S. 925.
13　林健太郎著『ワイマール共和国』（中央公論社　一九六三年）九七頁。以後、本書は林『ワイマール共和国』と略称する。
14　Ploetz, a. a.O., S. 925. 林健太郎編『世界各国史3　ドイツ史』（山川出版社　一九六七年）二七四頁。以後、本書は林『ドイツ史』略称する。
15　林『ドイツ史』二七四頁。巻頭収録の写真7参照。
16　成瀬治・山田欣吾・木村靖二編『世界史体系　ドイツ史3―一八九〇～現在―』（山川出版社　一九九七年）一四七頁。以後、本書は『世界史体系　ドイツ史3』と略称する。
17　林『ワイマール共和国』一〇四頁。Ploetz, a. a. O., S. 926.
18　林『ワイマール共和国』一〇四頁。Ploetz, a. a. O., S. 926.
19　『日本大学七十年の人と歴史』第二巻一五～一六頁。

20 林『ワイマール共和国』一〇二頁。
21 Berliner Adreßbuch 1923. Unter Benutzung der amtlichen Quellen,Erster Band, S. 3510. ウェブ (https//nbn-resolving.de/urn:nbn:de:lob:109-1-3497746) で公開されているものを閲覧して利用した。
22 Ploetz, a. a. O., S. 925.
23 林『ワイマール共和国』一〇四頁。
24 Ploetz, a. a. O., S. 925. 林『ワイマール共和国』一〇四頁。
25 Ploetz, a. a. O., S. 926.
26 Ploetz, a. a. O., S. 927.
27 Hagen Sculze, *Weimar: Deutschland 1917-1913, Siedler Deutsche Geschichte*, Bd. 10, Berlin 1994, S. 268.
28 林『ワイマール共和国』一〇六頁。
29 林『ワイマール共和国』一一三〜一一四頁。
30 林『ワイマール共和国』一一四〜一一五頁。
31 Ploetz, a. a. O., S. 926. 林『ドイツ史』二七五頁。
32 『世界史体系　ドイツ史３』一五二頁。
33 Ploetz, a. a. O., S. 926. 林『ワイマール共和国』一一〇頁。
34 『世界史体系　ドイツ史３』一五三頁。 Ploetz, a. a. O., S. 926.
35 外務省外交史料館K三門三類七項一一号。
36 学習院大学法学部・経済学部図書センター所蔵「「山岡萬之助関係文書」F-IV-16。

37 『日本法政新誌』の第二四巻第三号（一九二七年三月一日発行）一三〇頁。
38 学習院大学法学部・経済学部図書センター所蔵「「山岡萬之助関係文書」F-IV-16」。
39 『日本大学七十年の人と歴史』第二巻一四頁。
40 前掲書一四頁。岡崎邦輔（一八五三〜一九三六）は明治時代から大正時代にかけての衆議院議員、和歌山出身で陸奥宗光の従弟にあたる。政友会内で重きをなした。学習院大学法学部・経済学部図書センターに所蔵されている一九二六年一月十二日付の山岡萬之助宛の岡崎邦輔書簡（「山岡萬之助関係文書」での整理番号はH75）では、岡崎は山岡の紹介で訪れた世耕弘一の兄の要請で、千五、六百円を工面するが、それ以上は無理なので「南葵育英會」（明治四十四年に紀州徳川家第十五代当主の徳川頼倫によって設立）に貸与を申し込んでおいたと、述べている。
41 『世界史体系　ドイツ史3』一六六〜一六七頁。
42 前掲書一六六〜一六七頁。
43 『岩波西洋人名事典』（岩波書店　一九八四年）六七七頁。
44 国立国会図書館デジタルコレクションを利用した。本書のタイトルのドイツ語部分は、当時一般的に使われていたドイツ文字（フラクツール）で印刷されているので、ここでは分かり易くするために、現在のアルファベット活字に変えた。また、ドイツ語タイトルは、そこに併記されているように「獨逸語並に文體論」を意味している。
45 『日本大学七十年の人と歴史』第二巻一三頁。
46 前掲書一五頁。

47　前掲書一七頁。
48　『土性骨風雲録』二六四頁。
49　『日本大学七十年の人と歴史』第二巻一七頁。
50　前掲書一七頁。
51　前掲書一七頁。
52　前掲書一四頁。
53　八木彩霞著『彩筆を揮て欧亜を縦横に』(文化書房　昭和五年)四七一頁・四七六頁。一九二九年七月に鉄道省運輸局が発行した『西伯利經由歐州案内』(一頁)によれば、シベリア鉄道を利用すると日本の「内地」とヨーロッパ主要都市間は一四〜一五日で済み、一等車の場合の運賃は六〇〇円前後であった(和田博文編『シベリア鉄道』(『コレクション・モダン都市文化』第八一巻　ゆまに書房　二〇一二年)収録)。大下宇陀児は「世耕弘一と小林錡は、薪を焚いて走るシベリヤ鉄道十二日間の旅をして日本へ帰って来た。」(『土性骨風雲録』二六六頁)と述べており、八木著前掲書や『西伯利經由歐州案内』で述べられている所要日数と違いがある。

第Ⅲ部

1　日本大学内日本法政学会刊行『日本法政新誌』第二四巻第三号一三〇頁。
2　日本大学作成の『日本大学教職員調』収録の「世耕弘一職歴調」(日本大学人事部人事課所蔵)。
3　日本大学校友会『昭和三年六月現在　日本大學校友會會員名簿』(一九二八年)三四五頁。
4　佐藤信・五味文彦・高埜利彦・鳥海靖編『改訂版　詳説日本史研究』(山川出版社　二〇〇八年)四三二頁。以後、

本書は山川『詳説日本史研究』と略称する。

5 伊藤之雄『日本の歴史二二　政党政治と天皇』（講談社　二〇一〇年）二七三〜二七四頁。

6 歴史学研究会編『日本史年表　増補版』（岩波書店　一九九三年）二七八頁。以後、本書は岩波『日本史年表』と略称する。詳説日本史図録編集委員会編『詳説日本史図録』（第四版）（山川出版社　二〇一〇年）三二三頁。以後、本書は山川『詳説日本史図録』と略称する。山川『詳説日本史研究』四三二頁。

7 岩波『日本史年表』二七八頁。井上寿一「政友会と民政党」（中央公論社　二〇一二年）ⅳ頁。各政党が獲得した議席数は、選挙の結果のそれであり、その後に、入党した議員の数を入れたものではないことに、注意を喚起しておきたい。以後の選挙による議席数も同じくそのような数になっている。

8 『土性骨風雲録』四五五頁。『回想世耕弘一』二三五頁。

9 山口英二郎編輯《へんしゅう》兼発行《けんはっこう》『政友会代議士名鑑』（政友会総覧編纂所　一九三三年）六一頁。

10 山川『詳説日本史研究』四三五頁。

11 『土性骨風雲録』四五五頁。この時には政友会から公認は得られなかった（同二八〇頁）。

12 岩波『日本史年表』二八〇頁。井上前掲書ⅳ頁。

13 山川『詳説日本史研究』四三六頁。

14 山川『詳説日本史研究』四三六〜四三七頁。

15 岩波『日本史年表』二八二頁。

16 山川『詳説日本史研究』四三九頁。

17 『土性骨風雲録』四五五頁。巻頭収録の写真8参照。

18 『土性骨風雲録』二八四頁。
19 『土性骨風雲録』二八四～二八五頁。
20 岩波『日本史年表』二八二頁。井上寿一「政友会と民政党」（中央公論社　二〇一二年）iv頁。
21 奥憲太郎『昭和戦前期立憲政友会の研究―党内派閥の分析を中心に』（慶應義塾大学出版会　二〇〇四年）五七頁。
22 奥前掲書五九頁、八一頁。
23 粟屋憲太郎『昭和の政党』（岩波書店　二〇〇七年）二五八頁。
24 山川『詳説日本史図録』三二三頁。
25 立憲政友會會報局『政友』第四〇四号（一九三四年四月刊行）五二頁。この史料は文献資料刊行会編のリプリント版（柏書房　一九八〇～一九八一年）を用いた。
26 山川『詳説日本史図録』三二三頁。
27 井上前掲書一八二頁。
28 『政友』第四〇九号（一九三四年九月刊行）一二～一三頁。
29 『政友』第四二五号（一九三五年一二月刊行）三四～三六頁。
30 山川『詳説日本史図録』三二三頁。
31 岩波『日本史年表』二八六頁。井上前掲書iv頁および一九三頁。
32 『土性骨風雲録』四五五頁。
33 岩波『日本史年表』二八七頁。山川『詳説日本史図録』三二三頁。

34 岩波『日本史年表』二八八頁。井上前掲書ⅳ頁。
35 『土性骨風雲録』四五五頁。
36 山川『詳説日本史図録』三二三頁。
37 『政友』四四六号（一九三七年一二月刊行）二四～二五頁。
38 『政友』四五九号（一九三九年一月刊行）五八～六〇頁。
39 山川『詳説日本史図録』三二三頁。
40 山川『詳説日本史図録』三二三頁。
41 粟屋前掲書三六八頁。
42 山川『詳説日本史図録』三二四頁。
43 警保局図書課『出版警察報』第一二五号（一九四〇年二月）三八頁。一九八二年に不二出版株式会社によって出版されたプリント版を用いた。以後、この史料は同版による。
44 東京大学大学院法学政治学研究科附属近代法政史料センター所蔵「明治新聞雑誌文庫」所収の『立憲政友』第一〇号も「諸事統制廃止之事」の掲載頁（二四～二五頁）は切り取られている。
45 警保局図書課『出版警察報』第一二五号（一九四〇年二月）三八頁。
46 警保局図書課『出版警察報』第一二八号（一九四〇年六月）八二頁。
47 山川『詳説日本史図録』三二四頁。
48 井上前掲書二二二頁。
49 粟屋前掲書三七〇頁。井上前掲書二二三頁。

50 粟屋前掲書三七七頁。
51 井上前掲書二二二頁。
52 奥前掲書一七八～一七九頁
53 山川『詳説日本史図録』三二四頁。
54 山川『詳説日本史研究』四五八頁。
55 井上前掲書二二五～二二七頁。
56 井上前掲書二二八頁。山川『詳説日本史研究』四五八頁。
57 楠精一郎『大政翼賛会に抗した四〇人―自民党源流の代議士たち―』（朝日新聞社　二〇〇六年）一四頁。
58 山川『詳説日本史研究』四五八頁。
59 楠前掲書一六頁。
60 山川『詳説日本史研究』四五八頁。
61 山川『詳説日本史研究』四五九頁。
62 山川『詳説日本史研究』四五九頁。
63 山川『詳説日本史研究』四六〇頁。
64 世耕弘一「同交会之記」九頁（ＮＡＲＡ所蔵史料・国会図書館所蔵マイクロフィルム、IPS-18・R315 Hatoyama）。
65 『土性骨風雲録』三二二～三二三頁、楠前掲書一六頁。また、伊藤隆・季武嘉也編『鳩山一郎・薫日記』上巻（中央公論社　一九九五年）一〇五頁には、一九四一年一一月一〇日「（前略）午前中来訪者、滝沢（七郎）、世耕、中野、上田諸氏。正午いけだにて森田君と会談。夕刻世耕君再び来訪。」とある。

66　世耕弘一編集・発行『同交会　第七十七回・第七十八回　帝国議会報告書』（同交会事務所　一九四二年三月）（国立国会図書館所蔵：整理番号一四・三―一三四）収録。
67　楠前掲書一八〜一九頁。
68　楠前掲書一九〜二〇頁。
69　楠前掲書二一頁。
70　岩波『日本史年表』二九二頁。楠前掲書二二頁。粟屋前掲書四〇八頁。
71　『土性骨風雲録』四五六頁。
72　NARA所蔵史料・国会図書館所蔵マイクロフィルム、IPS-9・R71 DOKOKAI。
73　「大阪府第二教育門を五　日本大阪専門学校設置廃止位置機構　第五冊・第五、二冊」。
74　整理番号は国立公文書館・文部省・㊼・10-9・1611。旧漢字は現用漢字にして引用した。
75　『官報』三七六六号（一九二五年三月一四日刊行）（国立国会図書館デジタルコレクション）。
76　大都市統計協議会編『大都市比較統計年表　平成二三年』所収「一二、二二。」
77　『官報』三六一二号（一九三九年一月二一日刊行）（国立国会図書館デジタルコレクション）。
78　国立公文書館所蔵「大阪専門学校　第一〇九冊」（整理番号は文部省・㊼・3A 9-3・213）収録「大阪府第二教育門わ一ノ六　日本大阪専門学校規則　第五冊ノ一」第六文書。
79　『官報』三八九五号（一九三九年一二月二九日刊行）（国立国会図書館デジタルコレクション）。
80　国立公文書館所蔵「大阪専門学校　大阪　第五の二冊」（整理番号は文部省・㊼・3A 10-9・1612）収録「大阪府第二教育門を五　日本大阪専門学校設置　第五冊ノ二・第五，二冊」第六文書。

81 『官報』四八五〇号（一九四三年三月一六日刊行）（国立国会図書館デジタルコレクション）。
82 永井次勝『大専騒動史』（近畿大学出版印刷局　一九五五年）一二頁。
83 永井前掲書三〇頁。
84 『日本大学七十年の人と歴史』第二巻収録の世耕弘一「昭和五年ごろの日本大学」一七五～一七六頁。
85 永井前掲書三五頁、四一～四二頁、四六～四七頁。
86 永井前掲書七五～七七頁、八一頁、一〇〇頁。
87 永井前掲書一〇八頁。師団は一万人（平時編成）からなり、独立して作戦を行うことができる単位。
88 永井前掲書一〇九頁。
89 永井前掲書一一〇頁。
90 日本大学作成『日本大学教職員調』収録の「世耕弘一職歴調」（日本大学人事部人事課所蔵）。
91 山川『詳説日本史図録』三二四頁。山川『詳説日本史図録』四六九頁。
92 山川『詳説日本史研究』四六九頁。
93 山川『詳説日本史研究』四七四頁。
94 山川『詳説日本史研究』四七五頁。
95 石川真澄『戦後政治史』（岩波書店　二〇〇四年）一四頁。以後、本書は石川『戦後政治史』と略す。
96 山川『詳説日本史研究』四七五頁。
97 「鳩山派新党結成準備会開催の件」一九四五（昭和二〇）年九月二八日付「官情報第七〇八號《ごう》」（国立公文書館所蔵史料：アジア歴史資料センター・レファレンスコード：A06030003000）。

98 『土性骨風雲録』四五六頁。
99 山川『詳説日本史図録』二八八頁。岩波『日本史年表』二九八頁。
100 岩波『日本史年表』二九八頁。
101 信夫清三郎『戦後日本政治史 I』(勁草書房 一九六九年)三二一頁。石川『戦後政治史』三四頁。
102 「世耕弘一外一名内務政務次等任免ノ件」(一九四六年六月二二日)(国立公文書館「太政官・内閣関係 第五類任免許可書・任免許可書 昭和二十一年任免巻百二十四」)。
103 日本史広辞典編集委員会編『日本史広辞典』(山川出版社 一九九七年)一五九〇頁。
104 大蔵省財政史室編『昭和財政史─終戦から講和まで─第一七巻 資料(一)』(東洋経済新報社 一九八一年)一五〇頁。
105 世耕弘一「隠退蔵物資摘発の真相」(『自由國民』第七号 時局月報社 一九四七年)二~三頁。
106 『讀賣報知新聞』一九四四年八月一五日。同紙同年一一月一六日掲載記事によれば、ダイヤモンド買い上げは、さらに一月間延長された。
107 世耕弘一「二兆圓《えん》ダイヤの行方」(『特集文藝春秋』一九五六年二月号掲載)では、弘一が内務政務次官に入手した資料で試算すると六五万カラットのダイヤモンドが回収されたはずであるのに、「現在」は日本銀行の地下金庫には一六万一千カラットしか残っていないとしている(一七五頁)。したがって、大量のダイヤモンドが流失したのだという。
108 内野達郎『戦後日本経済史』(講談社 一九七八年)二二一~二二五頁。
109 内野前掲書二二六頁。

110 山川『詳説日本史研究』四八二頁。

111 内野前掲書二六頁。山川『詳説日本史研究』四八二頁。

112 一九四五年一〇月末の警視庁調べによると、砂糖の闇市場での価格は公定価格の二六七倍であった(内野前掲書二六頁)。

113 一九四六年二月一七日勅令八八号「隠匿物資等緊急措置令」(アジア歴史資料センター　A04017804100)。

114 一九四六年八月一〇日勅令三八〇号「経済安定本部令」(アジア歴史資料センター　A04017833300)。

115 石橋湛山《いしばしたんざん》に対して、一九四七年になされた読売新聞社記者によるインタヴュー(『讀賣新聞』一九四七年七月二九日)。

116 国立公文書館所蔵「自昭和二十一年十一月十九日至昭和二十二年五月二日　略式閣議綴(五)　内閣官房」(整理番号：総理府昭和五七年度・2A-29-150)。

117 『讀賣新聞』一九四七年七月二九日付。

118 早稲田大学中央図書館所蔵『隠退蔵物資等処理委員会』(整理番号：332.1・337)収録「隠退蔵物資等処理委員会第一回会議開催の件」。

119 前掲収録「隠退蔵物資等処理委員会名簿」。

120 世耕弘一「隠退蔵物資摘発の真相」『自由國民』第七号(時局月報社一九四七年)一四頁。

121 ヘーゲル『法哲学』序文にある言葉(Georg Wilhelm Friedrich Hegel, *Grundlinien der Philsohie des Rechts oder Naturrecht und Staatswissesbaht im Grundrisse*, Reclam Universal-Bibliothek,Stuttgart 1970, S. 59f.)。

122 早稲田大学中央図書館所蔵「隠退蔵物資等処理委員会」(整理番号：332.1・337)と題する冊子のコピー史料。

この「明細控」の日付よりも提出日が早くなるという逆転がある。
123 世耕弘一「隠退蔵物資摘発の真相」『自由国民』第七号(時局月報社　一九四七年)六〜七頁。
124 世耕弘一『私の心境』(光楽書房　一九四七年)二頁　以後、本書は『私の心境』と略す。巻頭収録の写真9参照。
125 『私の心境』二頁。
126 『私の心境』三〜四頁。
127 『私の心境』四頁。
128 『私の心境』三頁。
129 「隠退蔵物資等処理委員会廃止に関する件」(アジア歴史資料センター A13110853900)。ここにある文書では
130 隠退蔵物資等処理要項は二月一四日の閣議で決定されたと記されているが、前節で述べたように二月一五日の閣議が正しい。
131 『時事年鑑　昭和二三年版』(時事新報社　一九四八年一月)四二四頁。
132 『土性骨風雲録』四五六頁。
133 岩波『日本史年表』三〇〇頁。
134 石川前掲書三八頁。
135 『讀賣新聞』一九四八年三月一六日。
136 石川前掲書四二〜四三頁。
137 石川前掲書四三〜四四頁。
138 岩波『日本史年表』三〇二頁。

139 石川前掲書五〇頁。岩波『日本史年表』三〇三頁。

140 『讀賣新聞』一九四八年一二月一五日。『土性骨風雲録』四五六頁。『朝日新聞』（東京）一九四九年一月二五日。

141 『讀賣新聞』一九四九年二月一二日。

142 衆議院の法務委員会で四九回（そのうち一回は公聴会）・予算委員会で二三回（そのうち二回は公聴会、二回は分科会）、文部委員会で一回、大蔵委員会で一回、議院運営委員会で一回となっている。国会会議検索システム（http://kokkai.ndl.go.jp/）。

143 冨森叡児『戦後保守党史』（岩波書店　二〇〇六年）五三〜五四頁。

144 冨森前掲書五七頁。

145 石川前掲書五五頁。

146 『もう一度読む山川日本史』（山川書店　二〇〇九年）三一二頁。

147 岩波『日本史年表』三〇二頁。

148 石川前掲書五六頁。

149 石川前掲書五九頁。岩波『日本史年表』三〇二頁、三〇四頁。

150 冨森前掲書六七〜六九頁。

151 冨森前掲書七一〜七二頁。

152 『土性骨風雲録』四五七頁。

153 石川前掲書六一頁。

154 田中浩『戦後日本政治史』（講談社　一九九六年）一三七〜一三八頁。

155 田中前掲書一三八頁。岩波『日本史年表』三〇六頁。
156 『土性骨風雲録』四五七頁。
157 『讀賣新聞』一九五三年一一月三〇日。
158 『讀賣新聞』一九五四年一一月二五日。
159 『讀賣新聞』号外一九五四年一二月七日。
160 『讀賣新聞』一九五四年一二月一〇日。伊藤隆・季武嘉也編『鳩山一郎・薫日記』下巻（中央公論社　二〇〇五年）一〇五頁によれば、その前日の一二月八日「（前略）夜、世耕氏来られ入党の事定まる。」とある。
161 『讀賣新聞』一九五三年一二月一〇日。
162 世耕忠「信義と慈愛」『回想世耕弘一』一五二～一五三頁。
163 前掲『鳩山一郎・薫日記』下巻の一九五四年五月から一二月。
164 国立国会図書館憲政資料室所蔵「安斎正助関係文書」三八・二一・①「世耕弘一書簡」。
165 衆議院の予算委員会で三回（そのうち一回は公聴会、一回は分科会）、文部委員会で一二回、運輸各委員会で一回、行政特別委員会で三回、水害地緊急対策特別委員会で四回となっている。国会会議検索システム（http://kokkai.ndl.go.jp/）。
166 『土性骨風雲録』四五七頁。
167 『讀賣新聞』一九五五年三月一日。
168 『讀賣新聞』一九五五年三月一日。岩波『日本史年表』三〇八頁。
169 石川前掲書七五頁。

170 『讀賣新聞』夕刊一九五五年一一月一五日。岩波『日本史年表』三〇八頁。
171 一九五五年に左右社会党が合一し、自由党と民主党が合同した結果、日本社会党と自由民主党が基本的に対立する政治構造が生誕した。山川『詳説日本史研究』四九六頁。
172 岩波『日本史年表』三〇九頁。
173 岩波『日本史年表』三〇八頁。
174 石川前掲書七七〜七八頁。岩波『日本史年表』三一〇頁。
175 岩波『日本史年表』三一〇〜三一一頁。
176 法務委員会で六〇回、法務・社会労働委員会連合審査会で一回、法務委員会閉会中審査小委員会で一回となっている。国会会議検索システム（http://kokkai.ndl.go.jp/）。
177 『讀賣新聞』夕刊一九五五年五月一九日。
178 『土性骨風雲録』四五七頁。
179 岩波『日本史年表』三一〇〜三一一頁。
180 冨森前掲書一四九頁。弘一は石橋派に属していた。
181 『讀賣新聞』一九五八年一二月二八日。石川前掲書八四頁。
182 石井光次郎「那智石の硯」『回想世耕弘一』一九頁。
183 『讀賣新聞』一九五九年一月一三日。
184 前掲。
185 前掲。

186 予算委員会で一六回（そのうち二回は分科会）、内閣委員会で三回、法務委員会で二回、商工委員会で二回、社会労働委員会で二回、大蔵委員会で一回、建設委員会で一回、災害地対策特別委員会通商産業等小委員会で一回となっている。国会会議検索システム（http://kokkai.ndl.go.jp/）

187 岸信介「型破り」『回想世耕弘一』六頁。

188 田中芳秋「人情の機微」『回想世耕弘一』六一頁。

189 国会会議検索システム（http://kokkai.ndl.go.jp/）。

190 衆議院議員選挙結果　第四〇回以前　近畿　和歌山二区。http://politics.free-active.com/

191 衆議院議員選挙結果　第四〇回以前　近畿　和歌山二区。http://politics.free-active.com/

192 Max Weber, *Gesammelte Politische Schriften,München* 1921, S. 450. ドイツ語の Beruf という単語は、通常、職業と訳されるが、本来的には神から与えられた使命というニュアンスがあるので、ここでは天職としている。

193 『官報』一一五一五号（一九六五年五月四日刊行）。

194 山川『詳説日本史研究』四八一頁。

195 文部科学省『学制百年史　三　新制大学の発足』。

196 国立公文書館所蔵「近畿大学　大阪　第四冊」（整理番号は文部省・六〇文・一〇―六・七二九）。

197 「新制大学設置認可について」（文書日付：昭和二四年三月二八日・文書番号：校学一〇九号）。

198 「新制大学設置認可について」（文書日付：昭和二四年四月二〇日・文書番号：校学二二二号）。

199 「二部認可について」（文書日付：昭和二四年四月二〇日・文書番号：校学二二三号）。

200 「学部増設の認可について」（文書日付：昭和二五年三月一五日・文書番号：校管八四の四号）。この「文書番号」の「文書日付」は「決済日」が取られており、「主務送達日」は「三月二七日」となっている。

201 「近畿大学大学院設置について」(文書日付：昭和二七年四月二三日・文書番号：校管八一七)。

202 一九五〇年に短期大学部商経科二部が、一九六〇年に通信教育法学部法律学科が設置されたことにも、それがよく現れている。

203 『官報』一一〇六七号(一九六三年十一月四日刊行)。

あとがき

本書の校正をしている時に、今更ながら気付いたことがあった。それは、ドイツ留学した日本人に関する考察を通じての近代日独交渉史研究が、自己のライフ・ワークになったということである。翻って考えてみると、その発端となったのは一九九五年一月一七日の阪神・淡路大震災であった。それまでは複数の研究テーマを同時に抱えて、それぞれに関する一次史料を採取・保管していたが、自宅が全壊して、それらの史料は失われた。だが、その時に研究の佳境に入っていた近代日独交渉史研究の全史料は、大学の研究室でも閲読できるようにするためにコピーして、そこに保管していた。また、この大震災の直前には、一年間の在外研究が許されて、渡独の準備をしていた。発給申請したビザの受領に神戸のドイツ領事館へ赴く予定の日に、この震災が起こり、ドイツ領事館の在ったビルが全壊して、発給されたビザは瓦礫の下に埋もれてしまった。ビザ申請時に準備した書類等の全コピーを大学の研究室に保管しており、東京のドイツ大使館領事部にその旨を伝えたところ、それらのコピーを再提出したら、ビザを交付するという返事であり、忘れもしないが、それらを郵送した五日後に、ビザが大学に送られてきた。

かくして近代日独交渉史の研究に全力を傾注することによって再起を果たそうと心に刻み、「約束の地」ドイツに渡り、受入先のボン大学を拠点にして、ドイツ各地だけではなくて、オランダ・フランス・イギリスの各種の文書館に赴き、必要とする一次史料の採取に専念した。そうした中で、遂に決定的な史料を発見できた。ハイデルベルク大学文書館で、ドイツの大学における最初の日本人学生に関する一次史料を発見した。それは、同学の学籍簿(Matrikel)における一八六八年一〇月二一日のSedzi Masima(馬島済治)の学籍登録である。一年間の在研究を終えて帰国した後は、日本国内の各地の文書館や図書館を歴訪して、馬島(後に、改姓して小松)済治に関する一次史料の採取に努め、数年後にようやく日独の一次史料の解読・分析を完了して、彼のドイツ留学の経緯、帰国後の和歌山藩のドイツ式軍制確立への寄与、岩倉使節団の二等書記官としての活躍、明治国家の法制度の整備に対する貢献などが解明できた。それに関する学位請求論文で二〇〇一年に博士(歴史学)号を授与され、これを『近代日独交渉史研究序説—最初のドイツ大学日本人学生馬島済治とカール・レーマン—』(雄松堂出版　二〇〇三年)として公刊し、そこで提示した新説は国際的に認められた。その間の一九九九年にはドイツのハイデルベルク大学で催された「小松済治ハイデルベルク大学留学一三〇年記念講演会」に招聘され、ドイツ語による記念講演を行った

その後、出版社の熱心な要請で、明治期のドイツ留学経験者としてよく知られる森鴎外と桂太郎の評伝を執筆することになり、この両人に関する膨大な一次史料(森鴎外のミュンヘン大学での一八八六

年夏学期における学籍登録の発見を含む）をドイツや日本で採取して、それらを厳しく吟味した結果、日本がドイツ帝国に傾斜しつつ国家体制を確立するのに、明治期のドイツ留学経験者がいかに貢献したかを、具体的に解明することができたのである。その成果として公刊された『桂太郎と森鷗外──ドイツ留学生のその後の軌跡──』（山川出版社　二〇一二年）は、幸いにして多くの読者を得ることができたが、この本を上梓できたことによって、ドイツ留学を経験した日本人に関する考察を通じての近代日独交渉史研究の道筋が、私には仄見《ほのみ》えてきたのでる。

ギリシア神話によれば、歴史を司るのはクレイオーの女神とされるが、機智に富むこの女神は、日本では大正時代後半から昭和初期に該当する戦間期にドイツに留学した日本人に関する研究を、私に委ねるべく密かに準備していた。私が職を奉じていた近畿大学の創設者である世耕弘一（一八九三〜一九六五）が、ドイツ留学経験者であることを知っていたので、その留学の詳しい経緯を知りたいと思っていたところ、彼が記した「ドイツ留学の憶い出」が掲載された『日本大学七十年の人と歴史』第二巻（桜門文化人クラブ編・洋洋社出版　一九六一年）を古書肆《しょし》で発見し、これを閲覧した。それによれば、彼が東京を出発したのは関東大震災発生の前日であり、搭乗した船が神戸で解纜《かいらん》したのが発生の翌日であり、ベルリン到着直後に彼はハイパー・インフレーションを目撃していた。震災を経験して渡独した私には、この事実は大いなる驚愕であった。そして、これこそは、ドイツ留学経験者としての世耕弘一の研究に本格的に取り組む契機となったのであり、その細《ささ》やかな成果が本書ということになる。

従来、日本人のドイツ留学については明治期の事例の研究が多くなされてきたが、大正時代後半から昭和初期にかけての、すなわち戦間期の事例の研究は乏しく、この時期のドイツ留学生がその後の日本の歴史にどのように貢献したかについての研究は本格的にはなされてこなかった。そうした意味では、世耕弘一が、戦前・戦中の「翼賛政治」の流れに抗して議会制民主主義の堅持を目指したこと、戦後の日本経済の低迷期に隠退蔵物資等の摘発に取り組んだことには、ヴァイマル共和国の初期のハイパー・インフレーションの時期やその後の「相対的安定期」における世耕のドイツ留学の経験が反映されていることを実証的に示し得た本書は、聊《いささ》かの存在理由を持つと言えようか。

本書の巻頭に関係史料を口絵として飾るのに関して、それらの史料を所蔵する近畿大学建学史料室及び近畿大学中央図書館から快く許可を頂いたことに謝意を表する。そして、本書の依拠する膨大な史料の採取に協力して頂いた多くの友人・知人に心より感謝したい。また、昨今の出版業を囲繞する困難な状況下で、本書の意味を理解して出版に踏み切って頂いた東信堂社長下田勝司氏に感謝申し上げたい。

洋の東西を超え、時代を超えて蝟集《いしゅう》した数多《あまた》の史料に埋もれながら自宅書屋で著者記す。

や行

ら行

わ行

な行

は行

ま行

事項索引

ま行

や行

わ行

人名索引

著者紹介

荒木　康彦（あらきやすひこ）

博士（歴史学）

専攻：近代日独交渉史、史学理論

近畿大学名誉教授

1995年度にドイツ連邦共和国ボン大学で在外研究に従事し、ドイツの大学における最初の日本人学生馬島（後に改姓して、小松）済治を発見し、この人物に関する学位請求論文によって2001年博士（歴史学）を取得し、この論文で提示した新説はその後国際的に認められた。1999年にはドイツのハイデルベルク大学で催された「小松済治ハイデルベルク大学留学130年記念講演会」に招聘され、ドイツ語による記念講演を行った。

2013年には森鷗外の学籍登録の史料をドイツのミュンヘン大学所蔵の学籍簿で発見し、それに立脚する新説を提示し、それは『朝日新聞』でも紹介された。

馬島済治をドイツに帯同したドイツ人カール・レーマンに関する研究に立脚して、NHKの大河ドラマ「八重の桜」の一部分が作成された。

主要著書：

『近代日独交渉史研究序説―最初のドイツ大学日本人学生馬島済治とカール・レーマン―』（雄松堂出版　2003年）

『歴史学』（共著　近畿大学通信教育部　2002年）

『西洋世界の歴史像を求めて』（共著　関西学院大学出版会　2006年）

『鉄砲伝来の日本史―火縄銃からライフル銃まで―』（共著　吉川弘文館　2007年）

『桂太郎と森鷗外―ドイツ留学生のその後の軌跡―』（山川出版社　2012年）

論　　文：きわめて多数

世耕弘一―人と時代―

2019年8月31日　　初　版第1刷発行　　〔検印省略〕

＊本体価格はカバーに表示してあります。

著　者©荒木康彦　／発行者　下田勝司　　印刷・製本／中央精版印刷

東京都文京区向丘1-20-6　　郵便振替00110-6-37828

〒113-0023　TEL（03）3818-5521　FAX（03）3818-5514

発行所　株式会社　東信堂

published by TOSHINDO PUBLISHING CO., LTD.

1-20-6, Mukougaoka, Bunkyo-ku, Tokyo, 113-0023, Japan

E-mail: tk203444@fsinet.or.jp　URL: http://www.toshindo-pub.com/

ISBN978-4-7989-1577-7　C3023

東信堂

東京帝国大学の真実—日本近代大学形成の検証と洞察	舘 昭	四六〇〇円
大学史をつくる—沿革史編纂必携	寺﨑昌男・別府昭郎・中野実 編著	五〇〇〇円
国立大学・法人化の行方—自立と格差のはざまで	天野郁夫	三六〇〇円
フンボルト理念の終焉?—現代大学の新次元	潮木守一	二五〇〇円
いくさの響きを聞きながら—横須賀そしてベルリン	潮木守一	二四〇〇円
ミッション・スクールと戦争—立教学院のディレンマ	老川慶喜・前田一男 編	五八〇〇円
日本の教育経験—途上国の教育開発を考える	国際協力機構編著	二八〇〇円
新版 昭和教育史—天皇制と教育の史的展開	久保義三	一八〇〇〇円
大正新教育の受容史	橋本美保編著	三七〇〇円
大正新教育の思想—生命の躍動	橋本美保・田中智志 編著	四八〇〇円
世耕弘一—人と時代	荒木康彦	二〇〇〇円
近代日本の英語科教育史—職業系諸学校による英語教育の大衆化過程	江利川春雄	三八〇〇円
文字と音声の比較教育文化史研究	添田晴雄	四八〇〇円
空間と時間の教育史—アメリカの学校建築と授業時間割からみる	宮本健市郎	三九〇〇円
資料で読み解く南原繁と戦後教育改革	山口周三	二八〇〇円
自己形成者の群像—新しい知性の創造のために	宮坂広作	二八〇〇円
修道女が見聞した17世紀のカナダ—ヌーヴェル・フランスからの手紙	門脇輝夫訳	九八〇〇円
雲の先の修羅—『坂の上の雲』批判	半沢英一	二〇〇〇円
椎名素夫回顧録：不羈不奔	読売新聞盛岡支局編	一五〇〇円
根証文から根抵当へ	幡新大実	二八〇〇円
日本人画工 牧野義雄—平治ロンドン日記	ますこ ひろしげ	五四〇〇円
森と建築の空間史—南方熊楠と近代日本	千田智子	四三八一円
涙と眼の文化史—中世ヨーロッパの標章と恋愛思想	徳井淑子	三六〇〇円

〒113-0023 東京都文京区向丘1-20-6 TEL 03-3818-5521 FAX03-3818-5514 振替 00110-6-37828
Email tk203444@fsinet.or.jp URL:http://www.toshindo-pub.com/

※定価：表示価格（本体）＋税

東信堂

- いま、教育と教育学を問い直す—教育哲学は何を究明し、何を展望するか　森田尚人・松浦良充 編著　三二〇〇円
- 教育的関係の解釈学　坂越正樹監修　三二〇〇円
- 教員養成を哲学する—教育哲学に何ができるか　林泰成・山名淳・下司晶・古屋恵太 編著　四二〇〇円
- 大学教育の臨床的研究—臨床的人間形成論第1部　田中毎実　二八〇〇円
- 臨床的人間形成論の構築—臨床的人間形成論第2部　田中毎実　二八〇〇円
- 人格形成概念の誕生—近代アメリカの教育概念史　田中智志　三六〇〇円
- 社会性概念の構築—アメリカ進歩主義教育の概念史　田中智志　三八〇〇円
- アメリカ進歩主義教授理論の形成過程—教育における個性尊重は何を意味してきたか　宮本健市郎　七〇〇〇円
- ネオリベラル期教育の思想と構造—書き換えられた教育の原理　福田誠治　六二〇〇円
- マナーと作法の社会学　加野芳正編著　二四〇〇円
- マナーと作法の人間学　矢野智司編著　二〇〇〇円
- 学びを支える活動へ—存在論の深みから　田中智志編著　二〇〇〇円
- グローバルな学びへ—協同と刷新の教育　田中智志編著　二〇〇〇円
- 子どもが生きられる空間—生・経験・意味生成　高橋勝　二四〇〇円
- 流動する生の自己生成—教育人間学の視界　高橋勝　二四〇〇円
- 子ども・若者の自己形成空間—教育人間学の視線から　高橋勝編著　二七〇〇円
- 文化変容のなかの子ども—経験・他者・関係性　高橋勝　二三〇〇円
- アメリカ　間違いがまかり通っている時代—公立学校の企業型改革への批判と解決法　D・ラヴィッチ著　末藤美津子訳　三八〇〇円
- 教育による社会的正義の実現—アメリカの挑戦（1945-1980）　D・ラヴィッチ著　末藤美津子訳　五六〇〇円
- 学校改革抗争の100年—20世紀アメリカ教育史　D・ラヴィッチ著　末藤・宮本・佐藤訳　六四〇〇円
- アメリカ公立学校の社会史—コモンスクールからNCLB法まで　W・J・リース著　小川佳万・浅沼茂監訳　四六〇〇円

〔コメニウスセレクション〕

- 地上の迷宮と心の楽園　J・コメニウス　藤田輝夫訳　三六〇〇円
- パンパイデイア—生涯にわたる教育の改善　J・コメニウス　太田光一訳　五八〇〇円
- 覚醒から光へ：学問、宗教、政治の改善　J・コメニウス　太田光一訳　四六〇〇円

〒113-0023　東京都文京区向丘 1-20-6　TEL 03-3818-5521　FAX03-3818-5514　振替 00110-6-37828
Email tk203444@fsinet.or.jp　URL:http://www.toshindo-pub.com/

※定価：表示価格（本体）＋税